시 계 문 학

그랬으면 좋겠다

초판 발행 2011년 11월 30일
지은이 시계문학회

펴낸이 안창현 펴낸곳 코드미디어
북 디자인 Micky Ahn 편집디자인 장민서
교정 교열 박동경
등록 2001년 3월 7일
등록번호 제 25100-2001-5호
주소 서울시 은평구 갈현1동 419-19 1층
전화 02-6326-1402 팩스 02-388-1302
전자우편 codmedia@codmedia.com

ISBN 978-89-94178-38-7 03810

정가 10,000원

시 계 문 학

그랬으면 좋겠다

그 **속삭임**이
날줄 **씨**줄이 되어

들길을 걸어 봅니다. 유난히 푸른 하늘에 잠자리 날고, 가을 향기 담뿍 안은 바람 한줄기 코끝을 스치고 지나 갑니다. 누런 황금들판의 고개 숙인 벼이삭들 머리 흔들며 흥겨운 춤을 추고, 성급한 낙엽들 와르르 웃으며 바람을 쫓아 갑니다. 모든 인고의 시간들을 견뎌낸 풍요로움입니다.

가던 길을 멈추고 뒤돌아 봅니다. 걸어온 발자국마다 소복히 쌓인 낙엽들과 지난 세월의 수많은 사연들이 속삭입니다. 그 속삭임이 날줄 씨줄이 되어 또 한권의 동인지가 곱게 엮어졌습니다. 문우들의 뜨거운 열정과 아픔, 맑고 깊은 자유로운 영혼들이 시공을 넘나들며 알알이 맺은 결실입니다. 땀 흘려 맺어진 열매들이 하얀 민들레 꽃씨가 되어, 시와 수필을 사랑하는 마음들에 환한 꽃이 되어 따뜻한 미소로 번지길 빕니다.

불타는 열정으로 협조해 주신 문우님들과 한결같은 미소로 다독여 주시는 선생님께 감사드립니다.

탁현미 | 시인, 시계문학회 회장 |

차례

차례

시계문학 네 번째 이야기

시계문학

그랬으면 좋겠다

김안나

그리움 한가운데 서서 본다
많이 온 것 같은데 아직 남은 길이 더 많다
언제쯤이면 돌아봄 없이 초연하게 갈 수 있을까

詩

그리움 한가운데 서서
덩더쿵 덩더쿵
사랑하기에
초롱꽃
수술 중

약력

「한국문인」 시부문 신인상 등단, 한국문인협회 회원, 한국문인협회 용인지부 회원, 시계문학회 회원, 문파문학회 총무, 저서 : 시집 『물비늘이 유리창에 박힌다』 『그대 입술로 피어난 꽃』

01

그리움 한가운데 서서

또각대던 발소리
힐끗
혹시나
돌아보면 그곳은 아득한 황빛 사막
비벼댈수록 더욱 쓰리게 박히는 그리움 한가운데
수없이 묻어버려도 버석대는 질긴 미련 어찌할 수 없습니다

이정표조차 보이지 않는 막막한 곳
맥없는 사선만 긋다 기울어 가는 하루지만
내일은
그래도 내일은
목 마르던 적막에 비가 내려
포롯 포롯한 입술, 입술에 넉넉한 행복 쭈욱 삼킬 수 있을 테지요

02

덩더쿵 덩더쿵

볕 잘 드는 청잣빛 마당
옥양목이 바람을 타고 있다
올마다 햇살 들어 날며 수놓는 분주한 손길
한 땀 한 땀
새털 하나가 날개를 펴고
금방 찧어낸 듯 백설기에선 김이 모락모락 나고 있다
누구를 맞이하려는 것일까
뿌려놓은 오색종이 발길마다 와스락거리는 수다
자꾸 허리 잡는 걸 보니
넋 놓을 구경거리 있으려나 보다

03

사랑하기에

정 깊다 여긴 인연들 짚불로 사라질 때
역경의 살 타는 냄새 질식되고서야
조금 알게 된

달콤하게 속삭이던 말 껑충 껑충 뒤돌아
날카롭게 할퀴고 갈 때
주체할 수 없는 분노
몇 번의 지각변동을 일으키고서야
조금 더 알게 된
산다는 것

사는 일이 얼마나 많은 것을 놓아야 하는지
지워야 하는지

결국
빈손 비벼 털어내야 하는 최후임을
알게 될 때도
내 안에 너만은 결코 내어 놓지 못하고
아닌 듯 살아야 했던 단 하나의 이유

04

초롱꽃

초롱등 달아 놓은 밤 길게 울먹이며
저리게
사무치게 기다려도
나 못 가고

시간이 꼬리를 감추기 전 달려가 안아주면
전생의 막 벗겨져
차랑차랑 웃을 것 알면서도
녹음이 아슴스레 길 열어 놓았는데
나 가지 못하고

영원한 타인처럼 곁눈만 스치다
모퉁이 숨은 내내
입술 타며 바라보고 있는 나를
얼마나 더 기다려 줄 수 있을런지

05

수술 중

광어 한 마리
차디찬 바닥에 벌렁 누웠다
금방 지운 피 냄새 가시기도 전
강렬한 불빛보다 먼저
남자의 눈이 예리하다
소리 없이 그어댄 곳
막무가내 펄떡대던 고통이 조용하다
아가미를 들었다 살짝 놓았다 죽은 척하는 동안
날 몸뚱아리 구석구석
적나라하게 헤집는 빛 사이로 바알갛게 떨어지는 꽃 무리
멍한 시선
가느다란 기억의 실선 향해 꿈틀거려 보지만
꺼지지 않는 불빛 하나
무섭게 지키고 있는 곳

원인숙

가을이다
감춰두었던 빛깔들이
더는 참을 수 없다고 여기저기 튀어나온다
어둡고 깊은 우물 속에 잠자고 있는 나의
언어를 길어 올릴 두레박을 찾아야겠다

詩

약력

「문학시대」 신인상 등단, 경기시인협회 회원, 시계문학회 회원, 저서 : 시집 『햇살이 만든 거리』 『머물지도 떠나지도 않는』

01

꽃 양귀비 1

너는 한 장의 필름이었어
발레리나의 발끝에서 피어난 날개 달린 하얀 엉덩이
네 아름다운 사랑 그 영원의 촬영 후 탄생한 한 컷의 필름이었지

침묵에 잠긴 어둠
잠상으로 존재해야 하는 암실 고독한 현상액에 담겨
부활의 영상을 꿈꾸던 에티튀드* 사랑의 피사체 한 톨의 씨앗이었지

네 뜻과는 다른 네거티브
하얀 날개바람에 헹구어 관객의 눈부신 시선에 말리어
사랑 아로새긴 포지티브 색깔을 현상해야 했던 한 장의 꽃잎이었어

네 사랑의 필름은
돌 틈을 지나 흙살을 지나 바람을 지나 햇살을 지나
그 무엇에도 꿈쩍 않는 빛깔로 네 전 생애가 인화되었지
한 송이 꽃 부활하게 되었지

---

* 에티튀드 : 한 다리는 뒤로 들어 올리고 한 다리로 몸을 지탱하며, 들어 올린 다리의 무릎을 90도로 굽힌 상태에서 회전하는 발레 동작

02

꽃 양귀비 2

고운 꽃잎
혹자는 네가 즐겨 웃는다
붉게 운다 했으나
너는 '어찌할 것인가'*에 대한 답으로
구차히 살지 아니했다
구차하지 않음은
울음도 웃음도 아닌
네가 가야 할 길

네가 걸어온 길이
여기 피었을 뿐
고운 꽃잎으로 환생했을 뿐

* 초나라 군대가 유방의 군대에 포위되자 항우는 애첩 우미인에게 "우혜우혜내약하虞兮虞兮奈若何 – 우여, 우여, 어찌할 것인가. 너를 어찌할 것인가"라고 읊자, 우미인은 "천첩하료생賤妾何聊生 – 내 구차히 살아 더 무엇하리" 하며 스스로 목숨을 끊었다. 그 무덤에 개양귀비가 피었다.

03

미항 여수

여수에 와 보니
항구가 아름다운 이유를 알겠다
구봉 산자락에 다닥다닥 붙어 있는 집
거기 들레들레 사는 사람들이
저녁이 되면 지는 해를 건져다가
대문마다 걸어놓으니
항구는 그것들을 품에 안고 밤새도록 출렁인다
봄이면 출렁이는 불빛이
오동도로 날아가 동백꽃으로 붉게 타오르고
시누대 숲에선 동백꽃을 그리는
돌산도 · 금오도 · 남해도의 속삭임이 들린다
게다가 그리움 열 줄 아는 뱃길이
미항 여수에 가득하니 말이다

04

순천만 갈대숲

세상이 넓다더니 순전히 갈대 세상이다
초록의 세상이다
멀리서 보면 벼포기인 듯
푸른 초원이 바다로 떠나려는 듯
푸른 들판이 둥둥 춤춘다
춤추는 하나씩은 가늘어 나약한 몸인데
몸마다 다른 몸을 붙이고
다른 몸 하나가 또 다른 몸 붙이고
붙이고 붙이고 또 또 또…
순전히 너 같은 것들이 모여
싱싱한 벌판 나부끼는 큰 세상
느티나무 산그늘 같은 푸름을 만들었다
늘 푸름에 목마른 사람
다른 몸 붙일 줄 몰라 홀로인 사람
시들어 쓸쓸해지려는 사랑
여기 네 푸른 세상에서 힘을 얻는다
깊은 안식을 누린다

05

물 만났다

그가 돌아와요 슬며시 동녘에 달 뜨면 그것이 보름달이든 잘린 반달이든 아무도 없는 새벽녘 허공에 베어져 바람에 적셔진 달이라 해도 어김없이 그가 돌아와요 스멀스멀 돌아오는 발자국 소리 나는 숨죽이며 기다려요 언제나 처음처럼 가슴이 두근거려요 어느새 달음박질 부듯가 계단을 적셔요 씩씩하게 돌아온 부산한 몸짓 부두를 흔들어요

그가 나의 발을 적시고 무릎 허벅지를 간질이면 나는 온몸 가득 흔들려요 우쭐우쭐 춤춰요 세상에서 가장 천연덕스런 몸짓 감출 수가 없네요 찰랑찰랑 어깨춤에 덜그럭덜그럭 소리까지 내면서 펄떡펄떡 춤추어요 둥둥 떠올라요 하늘땅만큼 별까지 닿을 수 있어요 어디든 날아갈 수 있어요 푸른 바다 홀로 남은 섬 그리운 나라 찾아갈 수 있어요

달 기울어 그가 돌아갈 걱정 같은 건 안 해요 가야 할 길 뒷걸음할 시간도 잊어요 돌아올 적 기쁜 걸음만 기억해요 돌아가는 발걸음에 내 춤사위 사그라질 근심도 없어요 한눈에 바라볼 수 없도록 기인 쓸쓸함이 가득한

갯벌에 홀로 던져져도 좋아요 부연 하늘에 맞닿아 가뭇가뭇 어둠을 펼쳐내는 텅 빈 갯벌 상관없어요 지금 당장 들물에 물 만났다 마냥 춤추는 배 몇 척 있어요

탁현미

바람의 속삭임에
귀 기울이고 싶다

詩

약력

「문파문학」 신인상 등단, 문파문학회 부회장, 시계문학회 회장, 한국문인협회 회원, 저서 : 공저 『너의 모양 그대로 꽃 피어라』 『가을 햇살 폭포처럼 쏟아지는데』 『문파 대표시선 52인』 외 다수

01

가면假面

젊은 여인의 부름에
춤추듯 사뿐사뿐 걷던
반백의 할머니 돌아보며
환하게 웃는다

말을 한다
손짓을 한다
소리 내어 웃는다
넉넉한 웃음을 흘리며
손을 흔든다

돌아 선다
순간 한 장의 낯선 가면
얼굴을 덮는다

02

끝나지 않는 꿈

내가 울고 있다
사람들도 울고 있다
사체가 담기지 않은 빈 관을 가운데 두고
탑돌이 하듯 빙빙 돈다
누군가를 기다리는지
가슴에 무거운 짐을 안은
하회탈 가면을 쓴 얼굴들
힐끗 힐끗 돌아보며 흐느낀다
최면에 걸린 듯
무거운 발들
소리 없이 빙빙 돌며
꿈속을 헤맨다

03

어머니

깊은 낮잠에서 깨어난 아기처럼
계면쩍게 웃으며 일어나는 당신
돌장이 아기처럼 뒷짐 지고
어정어정 걸으며
아주 작은 도움에도
고맙습니다 선생님
언니를 귀찮게 해서 죄송합니다
두 손 모으며 절하는 앙상한 작은 손
밥 위에 반찬을 놓아 드리면
아기가 되었다며 웃으시는 해맑은 얼굴
90평생 당당하게 사시던 모습은 어디 가고
어느 날 갑자기 아기가 되어버린 당신
그 어느 때보다도 사랑합니다
어머니

04

어찌 하오리까

절도, 성폭행 살인까지 한 가해자
분노의 말 말 말
칼보다 날카로운 손가락들에 밀려
예수님 앞에 섰다

모여든 군중 둘러보신 예수님
고개 숙인 가해자 앞에 앉아
긴 나뭇가지로 뭔가 쓰신다

웅성웅성 수군수군
저런 흉악범 얼굴은 왜 가려
인권옹호, 남은 가족도 살아야지
저런 놈은 무기징역 아니 사형감이야
자란 환경이 너무 불쌍하다
잔머리 굴리는 저 얼굴
악의 씨는 일찍이 잘라야해
개과천선 할 수도 있을 텐데 소곤소곤

여전히 침묵하고 계신 예수님
한 말씀만 하소서
어찌하오리까

05

콘택트 렌즈의 사색

언제부턴가 하늘과 땅 사이
부옇게 흐려 있다
황사도 미세 먼지도 아니다

한 작은 아이 걸어간다
온몸을 분홍색으로 차려입고
머리 묶은 분홍방울 흔들며
터덜 터덜
무표정한 얼굴로 땅만 보며 간다
가방에 매달린 조그만 열쇠 흔들린다

아주 작은 공원 벤치에 앉은 아이
비둘기 서너 마리 날아와
배부른 고양이 아이 다리에 몸을 비빈다
아이가 밝게 웃는다

전 민 숙

뒷마당 감나무
예쁘게 단풍드는 이야기를 듣는다
바람의 이야기도 듣는다
가슴 가득히…

詩

셋째를 가졌어요
김영갑 갤러리 두모악
만돌린 나들이
월성리 다라래 팬션
지금도 난

약력

「문파문학」 신인상 등단, 문파문학회 회원, 시계문학회 부회장, 한국문인협회 회원, 저서 : 공저 『너의 모양 그대로 꽃 피어라』 『가을 햇살 폭포처럼 쏟아지는데』 외 다수

01

셋째를 가졌어요

둘째 딸의
셋째를 가졌다는 울림이 번진 저녁
순간의 흔들림 그 너머
환한 빛으로 퍼지는
생명의 움트는 소리
사뿐 내게 다가와
수줍은 미소 짓고
맑은 향기로 퍼진다
어미라는 무한히 깊은 가슴속에서
한점
아주 작은 우주의 몸짓으로
보송보송한 봄날처럼
그렇게 그렇게 오고 있구나
완고한 문
톡 톡 두두리며 오고 있구나
아가야
두려워 마라
두 주먹 불끈 쥐고
힘차게
세상을 밀며 오너라

환한 빛 찾아서 오너라
장하다 아가야
따뜻한 눈빛들 가득하다

02

김영갑 갤러리 두모악*

그 섬에 그가 있었다
신들린 무녀처럼
일렁이는 바람이듯
흘러가는 구름이듯
쏟아지는 별 무리 속에
바람에 스치는 풀잎처럼
그가 서 있다
그의 몸에선
들꽃 향기가 찍혀 있다
슬픔 그 너머
따뜻한 눈빛으로 펼쳐진
하늘과 거의 뒤섞인 푸른 능선 위
소 한 마리 한가로이 풀을 뜯고
나지막한 돌담 사이
평화로움이 안개처럼 자욱하다
밤하늘 별똥별 지듯
루게릭으로 하얗게 마른 영혼
그가 그토록 좋아하던
붉은 감나무 밑에 조용히 누웠다

*두모악 : 한라산 옛이름

03

만돌린 나들이

어둠 내린 한여름밤
데이 파크 작은 분수대 광장 앞
술렁인다
슬픈 듯 부드러운
감미롭게 흐느끼는
가냘픈 만돌린의 선율
잔잔한 파도처럼
어둠에 내려앉는다
삶이 전율하듯 녹아있다
구노의 아베마리아
숨죽이며 젖어오는
한줄기의 떨림이다
달콤한 밤꽃향기
잠자던 영혼의 깊은 곳을
촉촉한 이슬처럼
흐느끼며 적셔준다

04

월성리* 다라래 팬션

하늘처럼 푸르른 낙엽송 위로
솜털구름 한가롭다
하이디가 팔랑거리며
튀어나올 것 같은
녹색의 융단
계곡의 맑은 물소리 들린다
참나무 버섯
속살 향기 봉긋이 솟아올라
온산이 향기롭다
빠른 호흡으로
숨 가쁜 영혼들에게
푸른 생명의 소리
살며시 깃든다
아늑한 저녁 으스름 속
흥겹게 술잔 부딪치며 출렁이던
축제의 그 밤
오늘도 오라 손짓한다

*월성리 : 경남 거창 남덕유산 밑자락

05

지금도 난

그를 보면 아득한 설레임
일고 있다
울리는 음성
잔잔한 눈빛에도
자욱한 안개가 서리곤 한다
한세상 건너온
가슴속 상처
접혀진 촉촉이 젖은
추억도 있기는 했었다
세월 비껴댄 숨결
아직도 꼬옥 품어 안고
목젖이 아플 때도 있었다
빵 냄새처럼 정겨운
말이 없어도 좋은
마주 보는 눈빛만으로도 좋은
충만함
아직도 난
그를 보면 아득한 설레임
일고 있다

임정남

바람 불고 갈대 꽃 솟아오르고
한들한들 코스모스
가슴속 갈피에서 꺼낸
갈대 숲 울음 이야기들
구름에 날려 보낸다

詩

그리움
정情
새 울음소리
베롱나무에 꽃 피면
이야기로 머문 자리

약력

「문파문학」 신인상 등단, 문파문학회 회원, 시계문학회 회원, 한국문인협회 회원, 포항 문예아카데미 회원, 저서 : 공저 『너의 모양 그대로 꽃 피어라』 『가을 햇살 폭포처럼 쏟아지는데』 외 다수

01

그리움

밤은 점점 깊어 가고
눈 오는 소리 그쳤는데
바람 소리 나직이
창문 새로 찾아들고

커텐 밖으로
관음죽 사이로
그의 모습처럼
달은 나와 있었다
행여
숨소리 밖으로 샐까
가슴 졸이며
적막 속 붕붕거리는
차 소리에
그리움 깰까 두렵다

옛 그림자 찾아
긴 세월 구름
흘러가고 흘러오고

모든 것 속절없고
달빛 같은 그리움
쉰 목청으로 불러 본다

02

정 情

가을 나그네
고즈넉한 산사에
우뚝 서 있는
할배나무 가지 끝에서
안개와 구름에 잠긴
나비 한 마리
그리움 원망도 없이
발걸음을 붙잡아 두네

자욱 옮길 때마다
생로병사의 굴레를
벗지 못하는 모든 것
벌꿀처럼 달콤한
꿀 따는 부부
영감이 병들어
벌 한통 사라지더니
어느새 열통이 다시 돌아와
영감은 살아났다고,
앉은뱅이 할머니 울음 섞인
웃음을 허공에 날린다

03

새 울음소리

태어나서 용인까지 쉬다 돌다 온
세월이 얼마인가
젊음의 문턱에서
한고비 넘고 나면 또 한고비
큰비 센 바람도
더듬더듬 느릿느릿 온통 다 지나가도
언제나 청춘인 양
아이처럼 폴짝폴짝 뛰고 싶고
소녀처럼 부끄럼 부끄럼 하고 싶고
지금은 할머니 되어
삐따닥 삐따닥 걸어야 한다니…

안 입어 본 세상 더 많고
안 먹어 본 세상 더 많고
안 살아 본 세상 더 많은데

보리밭 푸르게 일렁이는 지금,
뜬구름 흐르는 물 간곳없어도
그리움, 사랑, 새 울음소리만은
언제나 그때처럼이다

04

배롱나무에 꽃 피면

진분홍 꽃다발이 발갛게 피어나면
지나는 사람 한 번씩 멈추어 서서
옛 이야기꽃 바글바글 핀다

윤기 나는 이웃집 뜬소문에
떨어진 꽃잎
오르내리는 발걸음에
뭉개어진 상처
벌 떼 같은 입으로
자근자근 밟아 놓고
이야기로 버무린 비밀은
바람 따라 시원하게 소문은 날아
오골 오골한 꽃 심장은 퉁퉁 부어
눈두덩에 집을 짓고
찌는 볕 울타리 따라
오르던 능소화처럼
꽃잎은 뚝 떨어지고,
거덜 난 그 꽃 주서모아 깁던 그녀
꽃잎 위에 피어오르던 이슬방울
나무를 닮아 새순으로 솟아올랐다

05

이야기로 머문 자리

비구름 찾아오는 날
창밖을 가만히 쳐다보면
이야기 솔솔 불어온다

손톱에 물들이던 봉선화
누구와 놀고 있을까!
꽃 울타리 청설모 쏘다니고
벼랑 길 너머 풋복숭아
햇살과 친구하며
누렇게 익어가고 있겠지!
혼자 핀 산딸기는
아직도 기다리는 이 있어
한 줌 흙에 묻혀 거기 서 있을 테지!
꾀꼬리울음도 모르는 척
고요히 떨어지던 꽃
바람에 떠나가고,
오목눈이새 사철나무에
둥지 터서
재미있게 산다는 소문에
벌떡 일어나 뛰어가고 싶다

홍역처럼 붉게 핀 꽃봉오리
고독을 읊으며 잦아든다

김애희

바람 불고 갈대 꽃 솟아오르고
한들한들 코스모스
가슴속 갈피에서 꺼낸
갈대 숲 울음 이야기들
구름에 날려 보낸다

詩

때때로 바람이 되어
그랬으면 좋겠다
낙엽, 안고 가자
강아지풀 꽃
그들, 나무들

약력

「문파문학」 신인상 등단, 문파문학회 회원, 시계문학회 회원, 한국문인협회 회원, 저서 : 공저 『너의 모양 그대로 꽃 피어라』『가을 햇살 폭포처럼 쏟아지는데』 외 다수

01

때때로 바람이 되어

비운다는 말 자주 듣지만
아무것도 들어 있지 않은
텅 빈 것 아무것도 없고
아무 데도 없다

살아간다는 것
무엇이든 채우는 일
허기진 뱃속을 채우고
혈관 속에 산소를 채운다

욕심을 버린다고
집념을 없앤다고
마음의 구석구석
마음이 없어지는가

이해할 수 없는 일
잊고 싶은 기억들
허상이 안개처럼 가득할 때
바람 되어 흩어지게

버려야 할 것들 다
버릴 수가 없어
가벼워지고 싶어
바람이고 싶다

02

그랬으면 좋겠다

나는 섬
너도 섬

바람 일면
새처럼
가벼이

내게로 오고
네게로 가고

그랬으면
참 좋겠다

03

낙엽, 안고 가자

겨우 엘리베이터 내려서
안아, 안아 꼼짝 않고 매달린다
붕붕이 무서워 방귀냄새나지
어 이 차 이제 걸어서 가자
휘리릭 공중에 맴돌던
세 살배기 구둣발만한 낙엽
대그르르 앞서 구르는데
바알간 감잎 하나
이거는 뭐야 이거는 뭐야
앞뒤로 얼룩점 안쓰럽더니
앗~ 추워서 꿍 아야 했지
할머니가 안아
윤인 손 꼭 잡고 가면 되지
그래 아가야 정녕 네 스스로
태양이고 자연이며 천사임을
세상 낙엽일랑 안고서 가자
그리고 걸어서 가자
도서관 앞 공원으로

04

강아지풀 꽃

방방곡곡 모퉁이에 길가에
낯가림 없는 널
모르는 이도 없을 것을, 끝내
잡초로 여기면 실례겠다
연녹색 둥근 파꽃은 알고
동색의 갸름하고 보슬보슬한 널
참 오랫동안 잎줄기쯤으로 지나쳤구나
더구나 손바닥에 올려놓고 혀 오므려
힘주어 '워리워리' 놀려대기도 했지
고백하는데 할아버지와 손자가
삐-삐 휘파람소리 하다가
코밑에 팔자八字 수염 해 붙이고
마주보며 개구지게 웃던 일,
곁에서 얼마나 허기가 졌던지
넌 모를 거야

05

그들, 나무들

긴 겨울 한데서 떨던 가로수
시샘 추위 아직 멀었는데
굶주린 짐승처럼 닥친 전기 톱날 소리에
심장 오그라들고 눈물 메말라
비릿한 냄새도 없다
톱 실은 사다리차 뒤로
잘린 나뭇가지들 실은 트럭
영구차처럼 천천히 따르고 있다
곧 어디론가 사라질 것의 무거움 때문이다

저들의 주인은 누구인가
하늘 땅 행인?
저들은 숲이 되고 싶었으리
숲을 이루며 살고 싶었으리
하얗게 질린 프라타너스
가로등 벗 삼아
오늘은 장승처럼 섰다

그들, 나무들
땅에 뿌리박고

햇살과 바람으로 소통하여
또다시 가지 뻗고 잎 키워
때 되면 훌훌 털어내는
자연처럼 운명처럼
그렇게 사랑하는 삶

김 좌 영

가을
시정詩情이 곱게 물드는 계절

詩

갈매기
고향의 감
단풍잎 사연
손칼국수
함께한 여정

약력

「문파문학」 신인상 등단, 문파문학회 회원, 시계문학회 회원, 한국문인협회 회원, 저서 : 공저 『가을 햇살 폭포처럼 쏟아지는데』 외 다수

01

갈매기

풍연風鳶처럼 하늘 높이 매달려
저녁 노을빛 부채질하는 갈매기
급강하로 무언가 낚아챌 기세다

내려다보이는 송도 앞바다
동서를 가르는 바닷길 오십 리
용머리 대기 민중놀이가 펼쳐진다
폭풍 물기둥 일고 승천하는 용 두 마리
아치형 인천대교 웅장한 풍광
수도권 관문으로 예술 작품이다

잃어버린 바다 외로운 갈매기
여객선 물길 따라 창공 나르던
옛 뱃길 그리워 날개 퍼덕인다
선회하던 교각아치 저버리고
어둠이 내려앉은 수평선 따라
어디론가 울먹이며 날아간다

갈매기 한 마리
불연 듯 가고 싶은 고향 들녘
작은 강다리

02

고향의 감

어머니의 부지깽이 끝에서
떨어지는
아버지의 작대기 하나만으로도
떨어지는
고향집 감나무

돌담장에 걸친 홍시
순이의 도드라운 얼굴이다

고목古木가지 꼭대기
그네 타는 까치밥
가슴 저리는 고향의 가을

03

단풍잎 사연

파란 하늘 흰 구름차일 치고
붉게 물든 산수화 병풍 두르고
산새들 소근 대는 초래 청에
연둣빛 자줏빛 원삼을 입은 색시처럼
우아한 그대 모습이 황홀하구나

수줍어 볼 발그래진 얼굴 실 눈가에
세월의 이슬이 맺히고
자르르 흘러내리는 치마 자락에
한恨많은 삶을 묻고 인연 따라
떠나려는 날갯짓이 애처롭다

단풍잎 찬바람 부는 계절이 오면
더욱 그리워지는 단발머리 누이
책갈피에 끼워준 꽃잎 사연
그 메시지에 담긴 의미를 뒤로한 채
낙엽 따라 바람 타고 가야만 하나

04

손칼국수

거친 호밀가루로 만든 누룽국*
먹기 싫다고 울고 보채는
철없는 어린 자식 달래던 어머니
그 얼마나 가슴이 아리었을까
배고파서 먹어야 했던 설움
한 세월이 흘러가도
지울 수 없는 아픔이다

요즘 별미로 먹는 우리 밀 칼국수
밀가루 손 반죽 홍두깨로 밀어
듬성듬성한 면발 멸치육수로 끓여
지 고추 양념장 살짝 얹혀
묵은 지를 곁들인 손칼국수
구수한 고향 같은 담백한 그 맛
후루룩 후루룩 향수를 마시고
끼룩 끼룩 외로움을 삭힌다

*누룽국 : 손칼국수의 방언

05

함께한 여정

긴 터널 지나 숨 고르는
그대와 함께한 여정
회한이 될지 그땐 몰랐네

내 안에 그대 존재
사랑이 얼룩진 시간들
설움이 될지 그땐 몰랐네

그대 안에 내 존재
미움이 얼룩진 시간들
그리움이 될지 그땐 몰랐네

그대에게 못다 한 정
이제 다 내려놓고 가는 길
아픔이 될지 그땐 몰랐네

찬바람 겨울비 우산 속
앙상한 나뭇가지 하나
정든 그 길을 걸어가네

엄영란

새소리 가득한 고향마을,
그 들녘을 거닐고 싶다

隨筆

새소리
사모정에 올라
아버지의 지게

약력

「문파문학」 신인상 등단, 문파문학회 회원, 시계문학회 회원, 한국문인협회 회원, 창시문학회 사무국장, 열림 어린이집 원장, 한국음악저작권협회 회원, 저서 : 동요 「무지개 마을」 「나뭇잎」 외 다수 작사, 공저 『성큼 다가서는 바람의 붓끝은』 『바람은 내게로 왔다』 외 다수

새소리

시골 마을 어귀에 들리는 새소리는 때에 따라 다르다. 이른봄 처마 밑을 차지하는 제비는 먼 여행을 무사히 다녀온 신고라도 하듯 나란히 앉아 지지베베 거린다. 초여름밤 어둠이 깔리기 시작하면 나즈막한 앞산 숲에서 풍년을 예감하듯 소쩍새가 소쩍소쩍 한다. 저마다 소리는 달라도 그들만의 대화로 소통을 하고 있다. 오월 숲에서 이름모를 새들이 합창이라도 하듯 우는 소리는 머리를 맑게 한다. 새벽해가 길게 잎 위를 기어오를 때, 어서 일어나라는 듯이 목청껏 재잘댄다. 그 소리 안에서 생명이 탄생되고 먹이를 쪼고 방어를 하며 살아가는 모습은 아름답다. 시시때때로 들리는 새 소리는 우리들의 일상안에서 청량제 같은 상쾌함이 있다.

아랫마을 대로변에 방앗간이 있었다. 그 옆을 지날 때 방앗간 뒤쪽 왕겨를 쌓아 놓는 곳이 있다. 서리가 하얗게 내린 겨울 아침, 그곳에는 유난히 햇살이 따사롭다. 왕겨 속에서 참새 떼들이 재잘되며 모이를 찾고 있다. 조용히 먹이만 먹으면 될텐데, 그들만의 언어인지도 모른다. 누가 헤치지도 않는데 미리 폴락폴락 도망갔다가 금방 날아들고 수차례 반복하면서 모이를 쪼는 것이 기특하기도 하다. 항상 쫓기면서 먹이감 찾는 것을 보면 우리들이 삶의 테두리안에서 쫓기며 급급하게 살아가는 모습과 흡사하게 느껴진다. 그들의 언어로 재잘되며 바쁘게 움직이는 부리와 눈빛이 활기차다. 햇살 속에서 참새떼들이 몰려다니며 내는 소리는 경쾌한 노래처럼 아름답게 들린다.

초등학교 3학년 보리가 익어가는 계절이었다. 친구들과 하굣길에 보리들을 헤쳐가며 밭둑에 심어진 뽕나무에 오디를 따먹던 날이다. 낮은 동산 숲에서 뻐꾸기가 뻑뻑국 하며 소리를 낸다. 무성한 잎 사이에서 퍼져나오는 울음소리는 까맣게 익은 오디의 달콤함을 가중시킨다. 모습을 드러내지 않고 간간히 들리는 뻐꾸기 소리는 효과음이라도 깔아 주듯 마음을 즐겁게 한다. 보리도 알알이 영글어 가고 오디의 단맛도 더해가고 들의 식물들이 급속히 생장을 하는 때다. 이 시기에 뻐꾸기 소리는 생명을 탄생시키는 암시처럼 들린다. 적당히 거리를 두고 알을 품고 새끼를 기르고 먹이를 해결한다. 숲속에서 부단히 살아가는 생존의 몸짓이다. 앵두며 살구가 제 빛깔을 찾아가는 때 뻐꾸기 소리는 소꿉친구들과 흥얼거리던 동요처럼 정겹다.

팔순을 넘은 어머니와 둘이서 하지 무렵의 길고 따가운 해를 물리고 밤이 되었다. 즐겨보는 일일연속극도 잊은 채 어머니와 나는 이런저런 이야기를 한다. 그때 소쩍새가 아주 가까이에서 함께 대화라도 하듯이 울었다. 소쩍소쩍 하는 소리는 때로는 더 가슴을 아리게 하고, 때로는 더 깊은 과거 속으로 우리를 데리고 간다. 어머니와 나의 얘기는 시간을 잊고 이어졌다. 울다가 웃다가 꼭 안아 주다가 어느새 날이 밝았고 언제 소쩍새 소리가 멈췄는지 들리지 않는다. 소쩍새의 울음소리는 영화의 한 단막 속 배경음악이 되어 잊혀지지 않는 추억이 된다.

새가 소리를 낼 때에는 그들 나름의 이유와 목적이 있다. 먹이를 앞에 두고 경쟁하는 행위는 힘이 있고 열정이 있다. 눈빛은 광채가 나고 경계심을 가진 날개의 움직임은 민첩하고 절도감이 있다. 그들에게는 일상인데 나에겐 때에 따라 기분에 따라 다르게 들린다. 숲에는 갖가지 식물과 동물이 공존하면서 더불어 숲을 이루듯이, 내 삶 속에서 새 소리는 추억 속에서 귀에 익은 동요가 되었다가 후덥지근한 여름날 시원한 청량제가 되기도 한다. 고향에서 자주 듣던 새소리들은 오래된 친구의 목소리처럼 정겹다. 이른 봄 제비소리, 뻐꾸기소리, 참새소리, 밤에 우는 소쩍새 부엉이소리, 이름 모를 고향마을의 새 소리들은 아련한 그리움으로 나를 행복하게 한다.

사모정에 올라 - 모정母情을 그리며

찔레꽃이 하얗게 피어나는 오월, 강원도 핸다리 공원 사모정에 올랐다. 두 번째 들린 공원은 처음보다 정겹게 느껴졌다. 봄비가 내린 뒤 정자 주위는 한결 깨끗하고 싱그러움이 감돌았다. 사모정 입구에 세워진 시비에 눈길이 머물렀다. 유난히 선명한 시비의 시구들이 잔잔한 뇌리에 옮아와 어머니를 그리게 했다. 어머니께 나는 6남매 중 넷째로 태어난 외동딸이다. 가운데 태어난 딸이 어머니께는 참 까탈스러웠나 보다. 언젠가 아들 다섯 키우는 것보다 나 하나 키우는 것이 더 힘들었다고 말했다. 그런 어머니가 내게는 유일한 벗이었고 가끔은 가장 무서운 선생님 같았다. 무엇이 어머니를 그렇게 힘들게 했을까? 어머니 마음을 아프게 했던 일들을 생각하면 죄스러워 가슴이 저리고 코끝이 찡해온다.

초등학교 봄 소풍을 며칠 앞둔 날이었다. 어머니는 30리길밖 시장에 다녀왔다. 소풍날에 입을 옷을 사온 것이다. 하얀 브라우스와 긴 타이즈 양말이었는데 나는 브라우스가 너무 긴 것 같았다. 그래서 길다고 하면서 투정을 부렸다. 매번 그랬으니 더 화가 났다. 어머니는 알면서 내가 그 이듬해도 몇 번을 입을 수 있도록 큰 것을 사온 것인데, 그런 것이 싫었다. 오빠는 큰 오빠 옷을 물려 입느라 새 옷 한번 못 입어 보는데, 사다 줘도 그런다고 하면서 달랬다. 그건 오빠 일이고 내 생각만 했다. 소풍날이 되었다. 옷을 입으라고 브라우스와 타이즈, 치마를 내 주며 입어 보라고 했다. 그런데 내 맘에 쏙 들게 딱 맞았다. 내가 잠들고 안보는 사이 어머니는 감쪽같이 줄여 놓았던 것이다.

이른 봄날이었다. 오빠를 따라 양동이를 들고 물고기 잡으러 시냇가를 갔다. 오빠는 물고기를 잡아 준다고 냇물을 한쪽으로 둑을 쌓아 돌리고 웅덩이 물을 계속 퍼내었다. 한참을 퍼내니 물이 점점 줄어들어 바위밑 물고기들이 줄어든 물을 따라 모여들었다. 그러면 나는 그 물고기 잡느라 옷이 더러워지는지도 모르고 신이 났다. 그렇게 물고기를 잡아서 집으로 돌아오면, 어머니는 나를 선머슴애처럼 그러고 다닌다고 호되게 혼낸다. 처음이며 마지막이 된 그 고기잡이 추억은 잊혀지지 않는 추억으로 생생히 남아 있다. 오빠들 틈에서 자라는 내가 조신하지 못할까봐 어머니는 걱정스러웠나 보다. 어린 내가 그런 어머니 마음을 알 리가 없었다. 다만 못하게 하면 서운했고 이유가 뭐냐며 따지곤 했다.

시골마을에 조그만 가게가 있었다. 그곳에서는 쌀이며 계란이며 값이 되는 물건이면 그에 합당하게 사탕도 주고 원하는 과자도 주었다. 가을날이었다. 학교에 다녀 온 후 오후 5시쯤 집에는 아무도 없었다. 배가 고픈데 먹을 것이 없었다. 계란을 주면 사탕을 바꿔 먹을 수 있다는 생각이 났다. 달걀을 낳는 다락으로 갔다. 그런데 딱 하나만 있었다. 그것을 가지고 가게로 갔다. 그런데 주인이 썽알이라고 하면서 상해서 못쓴다고 했다. 그래도 막대사탕을 하나 내 주었다. 그 맛이 지금 생각이 안난다. 걱정이 된 탓인지 맛있었던 기억이 없다. 그날 저녁이 되었다. 들에서 돌아온 어머니가 계란을 하나 꺼내오라고 했다. 없다고 했다. 하나도 없냐고 해서 그렇다고 했다. 어머니는 오늘 알을 안 낳았더라도 썽알이라도 있을텐데, 이상 하다고 했다. 그래도 선뜻 내가 사탕 바꿔먹었다는 말이 안 나왔다. 무서웠다.

저녁을 먹고난 후 어머니는 오빠들과 동생들 모두 세워놓고 말하라고 했다. 더 이상 미룰 수가 없었다. 내가 가게에 가서 사탕 사 먹었다고 했다. 어머니는 왜 말을 하지 않고 그랬냐며 봉당에 서라고 하시더니 마당 쓰는 싸리비를 가지고 내 다리를 치셨다. 마당에 서서 봉당을 쓸듯이 내 다리를 쳤다. 우리마당을 지나 큰집으로 가던 사촌언니 친구들이 3명이나 나를 보고 있었다. 그 언니들이 겁에 질린 눈길로 쳐다봤다. 무섭고 창피함에 아픈줄은 몰랐다. 당연히 맞아야 되는 벌이라는걸 알았기에 도망도 빌줄도 몰랐다. 그 이후로 옳은 일이 아닌것은 택하지 않았다. 아무리 친한 친구가 권해도 유혹해도 흔들리지 않았다. 그 친구는 그 친구고 나는 나였다. 둘도 없는 예쁜 어린 딸의 종아리를 치는 어머니의 아픔을 헤아릴 수 있는 나이가 아니었다.

오월은 가정의 달이고 어버이날이 들어있는 달이기도 하다. 그래서인지 매년 오월이 되면 고향이 그립고 어머니의 따뜻한 정이 그립다. 가난한 시절 살림을 꾸려가며 여러 남매를 키우면서 어린 자녀가 그 마음을 알지 못하고 투정부릴 때 얼마나 가슴 아팠을까? 충분히 먹이지 못하고 마음껏 충족해주지 못하는 어머니 마음! 딸이 하나뿐인 이유로 조금 큰 옷을 사서 줄려 입히고 신발도 좀 큰 것으로 마련해 주었다. 그런 것이 나는 정말 싫었다. 그런 나에게 화 내지 않고 다독거리며 예쁘게 바느질하고 두꺼운 양말을 신겨 주었다. 어쩌다 내가 도의에 어긋난 행동이라도 하면, 할아버지 호를 말하면서 어르신들 얼굴에 먹칠한다고 호되게 했다. 그런 어머니 손길이 그립다. 핸다리공원 사모정에 올라 그 시절 어머니 나이보다 더 나이 많은 내가 부모가 되어 아픈 어머니 가슴을 헤아린다. 풀잎에 맺힌 이슬들이 아롱거리며 한층 영롱하다.

아버지의 지게

시골 생활에서 지게는 없어서는 안되는 도구였다. 30년 전 내 어린 시절에는 그랬다. 아버지의 지게는 항상 산더미처럼 최대로 쌓아올려 시골 좁은 길을 가득 메우며 앞서갔다. 아버지는 원래 그래야 되는 줄 알았다. 그 짐이 얼마나 무겁고 무얼 의미하는지 그때는 몰랐다. 봄 여름 가을 겨울 어느 한철도 아버지의 등에는 지게가 떠나지 않았다. 아버지께 지게는 꿈이고 희망이며 미래에 대한 안식인지도 모른다. 지게를 지고 가다가 언덕에 받혀 쉴 때 내뿜는 담배연기 속에서 가족의 수만큼 얹혀졌던 짐의 무게가 느껴진다. 아버지의 등뼈는 세월 속에서 가족부양의 무게로 조금씩 굽어갔다. 그 지게 위의 짐을 조금이라도 덜어드리지 못한 것이 후회스럽고 마음이 아프다.

이른 봄, 아버지의 지게 위에는 쟁기가 하늘을 찌를 듯한 기세로 얹혀져 있고 한 손에는 소의 고삐를 잡고 들로 가신다. 밭갈이를 하기 위해서다. 밭갈이 하는 동안 지게는 한쪽에서 망중한을 즐긴다. 지게는 쉬고 아버지는 소에 쟁기를 메고 밭갈이가 시작된다. 온 들판에 울려 퍼지는 소 부리는 소리는 멀리서도 아버지의 목소리임을 아는 사람은 다 안다. 일이 끝나면 그 쟁기를 지게에 얹어 다시 소를 몰고 집으로 온다. 지게가 쉴 때도 아버지는 쉼없이 일을 하고 또 짐을 지고 먼 들길을 걸어 온다. 가끔은 마을 앞까지 마중을 나가 소의 고삐를 잡고 몰고오는 것을 한다. 혼자서는 소가 무서워 절대 못하지만 아버지가 뒤에서 지게를 지고 따라 오니 든든했다. 돕는다는 생각은 못하고 그냥 하고 싶어서 했던 것이다.

한여름의 더위가 식어갈 무렵 아버지께서는 재 넘어 할아버지 산소에 벌초를 하러 가신다. 그럴 때 지게 위에는 낫과 숫돌, 그리고 어머니께서 마련한 도시락을 매달고 새벽에 집을 나선다. 학교에 다녀와서도 한참 기다려 해가 질 무렵에야 마당에 들어 오시는데 지게 위에는 빨갛게 익은 보리수가 가지마다 올망졸망 달려 있었다. 하루종일 재 넘어까지 가서 벌초를 끝내고 저녁에 먼길을 다시 오느라 얼마나 지쳤을까 그런데 나를 보자마자 보리수 가지를 내려 주시며 맑게 웃는 얼굴이 지금도 선하다. 아무것도 생각지 못하고 빨갛게 익은 보리수만 눈에 들어왔고 나는 그것이면 최고로 좋았다. 많이 먹지도 못하면서 예뻐서인지도 모른다. 보리수 열매만큼의 아버지 땀방울을 헤아리지 못한 철부지였다.

가을걷이가 시작되면 아버지의 지게는 숨이 차다. 들에 누렇게 익은 콩이며 팥, 그리고 나락 까지도 내가 어린 시절에는 소 질매와 지게로 집까지 다 날랐다. 우리 밭은 리어카나 수레가 들어갈 만큼 길이 넓지 않아 아버지께서 더 고생이었다. 갑자기 비라도 오면 지게 위의 곡식이며 지게와 아버지는 고스란히 비를 맞으며 들어오신다. 지게와 아버지는 동고동락하는 친구 같다는 생각이 든다. 지게끈이 끊어지거나 지게다리가 부러지면 하나하나 정성들여 고치며 손을 본다. 어쩌다가 산에 갈 일이 있으면 지게를 만들 목재를 찾아 깎아서 말리신다. 아버지께 지게는 없어서는 안되는 분신과도 같다. 고통을 주는 것임에도 짐을 덜어주는 효자 같은 것이다.

지게는 아버지의 등을 빌려 무엇이든 운반한다. 짐의 무게를 등에 지고 때로는 산을 오르내리고 좁은 논두렁길을 아슬아슬하게 간다. 짐을 가득 지고 건너는 개울물이며 그 무게를 감지하지 못하고 달음질치는 소를 모는 일은 얼마나 힘겨울까 헛간에 남은 지게가 주인을 보내고 10여년 세월에 지쳐 남루한 모습으로 누워있다. 주인의 손길을 그리다가 지친 모습이다. 한땀한땀 세 가닥으로 총총 땋은 끈이 아버지의 땀에 젖어 풀리고 쳐져 80순이 되었다. 지게를 곤두세워 본다. 다리가 흐느적거리고 짚으로 도톰하게 짰던 등판도 찢기어 모양을 잃었다. 남루한 지게에 아버지의 체온이 느껴져 팔로 가슴으로 전율이 인다. 왜 살아 계실 때 지게의 무게를 알지 못했을까? 아버지의 굽은 등을 헤아리지 못했을까?

제 옥

내 문학의 원천에는
그리움의 씨앗이 흐른다

隨筆

봉선화
전구
백두산 기행문

약력

「문파문학」 신인상 등단, 문파문학회 회원, 시계문학회 회원, 한국문인협회 회원, 저서 : 공저 『너의 모양 그대로 꽃 피어라』 『가을 햇살 폭포처럼 쏟아지는 데』 외 다수

봉선화

봉선화는 일년초로 여름에 피는 꽃이다. 작열하는 뙤약볕에도 굴하지 않고, 천둥 번개와 함께 쏟아지는 소나기 속에서도 환하게 웃는다. 함초롬히 수줍음 타는 처녀처럼 다소곳이 아래로 드리워져 핀다. 꽃이 진 후 조롱조롱 매달린 복슬강아지 같은 씨앗은 다섯 조각으로 갈라지며 탁 터지는 게 신비롭기까지 하다. 나는 우연히 오늘 그런 봉선화를 아파트 화단에서 보았다. 한 뼘 정도 자랐다. 줄기도 잎도 살이 쪄 통통한 것이 서로 키 재기를 자랑하듯 나란히 나란히 서 있다 그들을 보면서 그동안 잊고 있었던 어린 시절 붉게 물들었던 손톱이 생각났다. 어머니께서 재긴 봉선화 잎을 내 손톱 위에 얹어 호박잎으로 싸매면 손톱은 어머니 사랑으로 물들었다.

내가 어릴 때는 봉선화는 집집마다 길거리마다 동네 우물가, 학교 등 어디를 가던 쉽게 볼 수 있었다. 꽃 색은 적황자백赤黃紫白 등으로 네댓 색 정도다. 요즘은 nail이라는 게 있어 붉은 것부터 노랑 파랑 심지어 검은 색도 칠하고, 색의 다양성은 봉선화에 비하면 이루 말로 표현 할 수 없다. 거기다 그 작고 좁은 손톱 위에 각양각색의 그림도 그린다. 이렇게 화려한 색과 무늬로 손톱에 칠을 해서 멋을 과시하고 있지만 인공적인 멋보다 봉선화로 물들인 손톱은 오래오래 남고 더 없이 정스럽다. 어머니 손바닥의 호박잎 위에 놓인 내 손은 따뜻한 어머니의 사랑으로 가득했다. 어머님께서 정성 들여 호박잎이나 아주가리 잎으로 싸맨 것은 더더욱 정스럽다. 잠자는 동안 여기저기 긁다가 뚫어지지는 않을까? 아주 빠져 나가지는 않을까? 하는 조바심의 봉선화 물은 어머니의 사랑과 정이 물들어 더없이 따뜻하고 향기롭다.

어린 시절 오뉴월(음력) 삼복더위가 스르르 기울 때이면 어머니는 약이 오를 대로 오른 봉선화 잎(꽃잎보다)을 따서 돌 위에 놓고 꽁꽁 찧으셨다. 소금과 백반을 넣고 재어 두시고 뒤뜰의 호박잎을 따서 그늘에 말려 시들시들하게 만든다. 저녁을 먹고 잠들기전 등물을 치고 모기장에 들 때쯤이다. 재겨둔 봉선화와 시든 호박잎, 시침실 꾸러미를 드신 어머니 앞에 딸들이 옹기종기 둘러앉는다. 주위는 숙연할 정도로 조용해지고 일곱 딸은 까만 눈동자를 굴리며 '내 먼저' 의 차례를 기다렸다.

어머니는 시든 호박잎 위에 제일 먼저 막내 새끼손가락을 올려놓고 손톱 위에 찧어놓은 봉선화를 조금 얹고 곱게 싸시고는 흰 시침실로 챙챙 맨다. 어머니께서 우리들 손가락을 모두 싸매실 동안 우리는 차례로 땀을 흘리시는 어머니께 부채질을 했다. 한 사람은 연신 실을 잘라 어머니 손에 쥐어 드리려고 준비한다. 이렇게 공동 작업이 끝이 나면 호박잎에 싸인 내 손톱이 뚫어 지지 않게 제각기 제 가슴 위에 두 손을 얹고 조용히 잠든다. 어머니의 사랑이 물이 든다.

아침에 눈을 뜨면 걱정하면서 잠자던 손톱을 누운 채 저마다 제일 먼저 올려다본다. 호박잎이 하나도 뚫어지지 않은 사람은 아무도 없다. 손톱은 물론이고 주위 살갗도 물들긴 했어도 물은 곱게 들었다. 우리는 누구 손톱이, 어느 손톱이 제일 잘 들었나. 서로 견주어 보면서 깔깔거렸다. 이렇게 봉선화로 물든 손톱은 어머니 사랑이 정이 물든 것이다.

나는 nail를 잘 칠하지 않는다. 이유는 게을러서다. 그러나 결혼식 돌잔치 등 축일에는 옷에 맞추어 예쁘게 칠한다. 그러면 언제 보았는지 손녀 녀석이 nail병을 들고 내 곁에 찰싹 붙어 고사리 같은 손을 쪽 내민다. 난 어쩔 수 없이 손녀가 시키는 대로 한다. 그러나 올해는 아파트 화단의 저 어린 봉선화가 쑥쑥 자라 삼복더위를 이겨낸 후쯤엔 잎을 따다가 내 손녀의 손톱에 물을 들여줘야 겠다. 오래가고 변하지 않는 내 사랑을 물들이면서 먼 옛날을 그려도 보고 가슴 깊이 물든 내 어머니 사랑을 손녀에게 전하고 싶다.

전구

전구는 전기를 통하여 밝게 하는 기구로 필라멘트를 사용하여 빛을 밝히는 등(백열등)이며 일반적인 등이다. 네온전구, 나트륨전구, 수은등 등 방전 작용을 이용한 등도 있다. 내가 초등학교 시절에는 전구(백열등)가 고작이었다. 이 전구는 우리생활에 없어서는 안 되는 귀중한 존재였다. 전구에는 15w, 30w, 60w 로 밝기가 다르다 그 때는 유리가 약해서 조금만 부딪쳐도 깨어지고, 가정에 들어오는 전력(v)이 일정하지도 아니하여 자주 '퍽' 하고 터져 버렸다. 덜렁덜렁 소리가 나고, 필라멘트가 끊어진 게 보이는 동그란 전구를 어머니께서는 버리지 아니하고 구멍난 양말을 꿰맬 때 요긴하게 이용하셨다.

양말은 남녀노소男女老少 모두가 신는다. 요즘은 양말이 떨어져서 신지 못 하지는 않는다. 고무줄이 늘어나고 형태가 변하고 색깔이 추물어져 버려지는 경우가 더 많다. 이것은 나일론이라는 섬유의 발명 덕이다. 내가 어릴 때는 순면純綿이고 기술도 부족하여 양말이 며칠을 신지 못하고 구멍이 났다. 특히 아버지와 오빠들의 것은 사흘이 못되어 구멍이 나니 어머니는 저녁 후 밤마다 필라멘트가 끊어져 못 쓰게 된 전구를 넣어 양말 깁는 일로 겨울 긴 밤을 보내던 모습이 지금도 눈에 선하다.

그 후 오래도록 현광등만 보아온 나는 전구는 가정용으로는 모두 옛 것으로 사라진 걸로 알았었는데 이사 온 새집 거실에는 전구가 꽂혀 있었다. 스위치를 올리는 순간 온화하고 포근한 감을 느꼈다.

따뜻한 엄마의 정이 새록새록 피어났다. 추운 겨울밤 모든 일이 끝나고 온 식구가 잠들려는 시각, 방에 들어오신 어머니는 벽장에서 필라멘트가 터져버린 전구와 떨어진 양말이 가득 담긴 바느질고리를 꺼내 따뜻한 아랫목에 앉아 양말을 기우셨다. 해마다 겨울이 되면 어머니와 함께 따끈한 아랫목에서 양말 꿰매던 일이 생각난다.

양말의 앞부분은 못 쓰게 된 양말의 성한 부분을 골라 본을 떠서 기웠다. 그러나 양말의 뒷굽은 바느질하기가 여간 어렵지 않았다. 그러면 어머니는 동그란 전구를 양말 속 구멍난 뒷굽에 대고 가로 세로를 씨줄 날줄로 천을 짜 듯 엮으면서 한참을 이어가다보면 구멍이 모두 깨끗이 막아진다. 긴긴 겨울밤 나는 엄마 곁에 앉아서 전구로 구멍난 양말을 꿰매면서 어머니가 들려주는 '곶감과 호랑이' '정랑에 나타난 귀신' 이야기들을 들으면서 전구로 구멍난 양말 뒷굽 깁는 방법을 그때 배웠다.

요즘은 꿰매어 가며 신지도 아니하고 구멍난 양말은 보기도 드물다. 예쁘게 기워주신 내 양말을 친구들에게 자랑하고 싶어 발을 쭉 내밀어 보이기도 했다. 어머니의 손길과 정이 깃든 기운양말은 따뜻했다. 오늘처럼 영하의 추운 겨울밤 잠 못 이루어 긴 소파에 의지하고 전구를 바라보니 떨어진 양말을 꿰매던 일, 양말 기우면서 들려주시던 어머님의 옛날 이야기들이 가슴이 저리도록 그리워진다. 천정에서 매달려 내린 따스한 불빛 전구, 따끈한 온돌, 따뜻했던 어머님 손길, 이 모두가 나를 그리움에 사무치게 한다. 많이 보고 싶다. 어머니!

백두산 기행문

7월 16일 부산 김해 국제공항을 출발(21:50)하여 2시간의 비행 끝에 중국 연길 공항에 도착했다. 밤이라서인지 시원하면서도 싸늘한 느낌이다. 순간 옷을 너무 얇게 준비한 것은 아닐까하는 걱정이 머릿속을 스쳤다. 연길은 옛 북간도다. 약 60여 년 전 중학교시절 '우리들은 하루빨리 요동반도와 발해 땅을 되찾아야 한다.' 고 외치시며 열정에 찬 강의를 해 주시던 허경일 사회(국사) 선생님 생각이 났다. 그 후 나는 우리나라 지도를 접할 때면 의례히 요동반도와 발해 땅이 모두 우리의 조상들이 가졌었는데 하는 생각을 하였고, 백두산 천지가 보고 싶었다. '박경리' 작 '토지' 의 무대 용정, 연길에도 가고 싶었던 바람을 오늘에야 이루게 되어 가슴은 한 껏 부풀어 있었다. 아침 6시 일어나 창문을 열어 마주한 연길 시내는 내가 뉴스에서 본 북한과 비슷했다. 아파트, 호텔 등 높은 건물이 건축 중이고 도로도 넓히고 있는 모습이 한창 발전하고 있는 것 같았지만 우리나라의 70년대 초 쯤으로 보였다. 모든 간판은 한글(오른쪽)과 한자(왼쪽)를 함께 쓰고 있다. 노래방이 있고, 생활모습은 중국이 아니고 우리나라였다.

첫날 일정은 백두산 천지 등정이었다. 백두산을 가기 위해 연길에서 버스로 5시간을 달려 이도백하二道百河로 이동했다. 연길 용정을 지나면서 초록의 바다, 옥수수밭, 사과배(개량품종이름)나무, 끝없는 평온한 들판이 이어져 있다. 백두산이 가까워지면서 마치 이

곳을 찾아온 우리를 맞이하려는 듯 길 양쪽에 나무가 도열하듯 빼곡히 늘어섰다. 하늘을 가릴 듯한 숲, 굽이굽이 돌아 백두산 북파 산문에 도착했다. 도착 후 환경보호차량(짚차)으로 삼거리까지 이동하고 천문봉 등정을 했다. 가파른 경사를 완만하게 만든 S형의 길을 등정하는데 몹시 숨이 차고 가슴이 답답함을 느꼈다. 이것이 내게는 처음이자 마지막 기회가 될 지도 모르겠기에 마음을 다지며 힘겹게 정상에 올랐다.

천지를 보는 순간 '와-' 하고 두 팔을 번쩍 들어 소리쳤다. 그리고 '우리나라 제일의 산' 하고 만세를 불렀다. 실은 아침부터 운무가 낀 잔뜩 흐린 날씨라 곧 한 줄기 소나기가 쏟아질 것만 같았다. 천지天池를 못 볼 수도 있을 것이라는 두려운 마음으로 등정 했는데, 백두산 천문 봉에는 해맑은 푸른 하늘에, 햇볕이 쨍쨍 내려 쬐였다. 열여섯 개의 봉우리에 둘러싸인 천지의 짙푸른 물은 고요한 정적만이 깃들었다. 장엄하고 위대한 우리민족의 얼이 담긴 백록담! 그 숭고함에 고개 숙였다. 백두산의 변화무상한 기후로 수십 번을 와도 천지를 못 보고 가는 사람이 대부분이라는데 처음 와서 바로 볼 수 있는 영광을 얻어 너무나 기쁘고 가슴 벅찼다.

2744m의 백두산을 차로 내려와 장백폭포 앞에 섰다. 폭포의 물줄기가 두 줄로 떨어지고 있었다. 그 소리는 천지를 뒤흔드는 장엄함이었다. 폭포 주변에 위치한 온천군에는 온천수가 흘러나왔다. 일행들은 뜨거운 물에 잠시 손가락도 넣어보고, 온천물(최고82℃ 최저32℃)에 삶은 계란과 옥수수를 사서 맛있게 먹었다. 중국인 특유의 물건을 나르는 방법으로 긴 막대 양쪽 끝에 매달린 커다란 소쿠

리에 수백 개의 계란을 허리가 휘도록 가득 담아 매고, 휘청거리며 조심스럽게 온천수에 담그는 모습은 오래도록 잊히지 않을 인상적인 장면이었다.

백두산 서파로 이동하여 우리 민족의 성지 백두산천지를 두 번째 등정하는 날이다. 아침에 눈을 뜨니 화창한 날씨에 시원한 가을바람이 불었다. 오늘은 걱정 없이 천지를 한 번 더 볼 수 있겠다고 확신하니 벌써부터 가슴이 뛰었다. 백두산 서파 산문에 도착 후 환경보호차로 5호 경계비 주차장에 도착했다. 여기서는 1270개의 나무계단을 올라 백두산 북한과 중국의 서쪽 경계선인 5호 경계비에 올라 천지를 관람했다. 그런데 5호 경계비 주차장에 도착하자 아침에 그렇게도 화창했던 날씨가 구름이 내려 덮이면서 곧 빗방울이 떨어질 것 같다. 우리들은 모두 비옷을 가지고 등정해야만 했다. 아니나 다를까 십분도 못 가서 빗방울은 떨어졌다. 처음부터 나는 1270개의 계단에 자신이 없었지만 숨을 조절해 가면서 올랐다 난간을 붙잡고 쉬기도 하고 걸터앉기도 했다. 일행들이 '괜찮겠느냐' 고 걱정해주는 소리가 나를 다시 일으켜 세우곤 했다. 정상이 가까워지는데 계단 옆 비탈계곡에는 아직도 흰 눈 층이 쌓인 그대로다. 그래도 계곡 위 언덕엔 이름 모를 풀꽃이 나를 반긴다.

드디어 정상에 올랐다. 사십 분이면 오를 수 있는 계단을 나는 거의 한 시간이 걸려서 정상에 올랐다. 비는 더욱 세차게 쏟아진다. 바짓가랑이가 젖어든다. 1m 앞도 보이지 않는다. 천지天池는 구름인지 운무인지로 희뿌옇게 뒤덮여있다. 바로 옆이 북한과 경계선이라는데 보이질 않는다. 과연 백두산의 날씨는 가이드의 말처럼 변화무

상했다. 세차게 내리는 비가 무서워 천지라고 붉은 글씨로 새겨진 돌비 앞에서 한 컷 찍고 서둘러 하산했다. 그러나 그 비를 맞고 십분 정도 더 기다렸던 일행 중 절반은 곧 걷힌 구름으로 천지의 검푸른 물을 보았단다. 나는 너무나 후회스러웠다. 두고두고 지금도 아쉬움이 남는다. 하산하는 서파 쪽은 원시림인 북파 쪽과는 달리 대 평지로 아득히 지평선을 이룬 들판엔 노랑, 보라, 흰색 등의 수채화를 그린 이름 모를 야생화들의 전시관이었다. 가냘픈 몸매를 하늘거리면서 우리를 반겨주는 고산화원이었다. 금강대협곡은 백두산용암이 흘러내려 만들어진 협곡으로 온갖 형상의 돌 모습들이 마치 미국의 그랜드 케니언, 래드 케니언의 축소판을 보는 것 같았다.

일제에 대항한 독립투사의 거점이 되고, 소설 토지의 무대였던 북간도, 용정, 연길, 도문으로 향했다 옛 북간도 우리 땅을 지나는데 중국이 한없이 미우면서도 부러웠다. 벽을 쌓은 듯 한 나무, 하늘을 모두 가릴 듯 한 숲, 푸른 숲이 이룬 바다, 가도 가도 끝이 보이지 않는 초록의 바다다. 그 가운데는 우리가 탄 차가 달리는 하얀 외줄! 마치 화장이 막 끝난 낭자의 앞가르마였다. 언제나 끝이 보일까! 울창한 숲이 대지를 뒤덮었다 탐이 난다! 용정시내에 들어서면서 용정龍井이란 지명을 정하게 된 우물이 있는 용정공원에는 남녀 늙은 노인들이 모여 노는데 마치 서울의 파고다공원을 연상시켰다. 여기 모인 사람들은 독립투사의 얼이 담긴 우리민족이다. 언어도, 노래도, 놀이도 꼭 같다 바둑을 두고 화투를 가지고 논다. 우리나라의 어느 시골에 온 듯한 느낌이었다.

용정시를 감싸고 있는 비암산 정상에 정자가 보였다. 저곳이 선구자의 정신이 깃든 정자 일송정이란다. 소나무는 불에 타 버렸다고 한다. 드넓은 만주벌판을 흐르는 해란강(강은 내가 상상했던 넓은 강이 아니고 냇물보다는 깊었다) 다리 위를 건너면서 차창으로 소나무 없는 일송정을 바라보며 일행들은 '선구자'를 소리 높여 불렀다. 어느덧 민족시인 윤동주가 다녔던 대성중학교에 닿았다. 운동장에는 윤동주의 〈서시〉 시비가 세워져있어 가슴 뭉클했다. 교사 내부에는 일본에 대항한 독립투사들의 흔적이 사진으로 잘 정리하여 계시되어 있었다. 윤동주의 생가는 잡풀이 무성하고 쓸쓸한 외딴집으로 허술한 그대로 방치되어 있어 마음이 무거웠다.

두만강을 관광하기 위하여 도문시를 향했다 조선족이 일구어놓은 광활한 농토, 산꼭대기까지 일렁이는 푸른 옥수수 밭 물결, 앙증맞은 흰 감자꽃 들판, 끝이 보이지 않는다. 도문시로 들어가는 언덕위를 오르니 저 멀리 북한 땅이 보인다. 산에 나무 한 그루 없는 북한을 바라보면서 너무나 놀랐다. 한편 가슴 아프고 나도 모르게 눈시울이 뜨거워졌다. 두만강을 사이에 두고 북한의 헐벗은 산과 중국의 푸른 숲 푸른 들판은 너무나 대조적이다 저렇게 메말라버린 땅이 중국처럼 기름지려면 백년도 모자랄 것이란 생각에 가슴이 멍해졌다. 북한의 남양시가 보이는 중국과 북한의 두만강 접경지대까지 갔다. 두만강에서 일행은 뱃놀이를 했다. 나는 그 시간에 선착장 근처에 있는 수양버드나무 아래로 갔다. 삼삼오오 모여 화투 놀이를 하고, 남자가 낀 열댓 명 정도가 둥근 원으로 둘러서서 아리랑을 부르며 춤추는 것을 구경하였다. 즐겁게 놀고 있는 사람들에게 좀 더 가까이 다가가 보았다. '고 스톱' 도하고, 노인들인데도 목청도 곱고 부끄러움도 없이 마음껏 소리 내어 노래했다. 말씨는 함경도 억양이 강했다. 중국이 아니라 우리나라였다.

중국은 80%의 한족과 56개의 소수민족으로 구성되어있는데 56개 소수 민족중 조선족만이 유일하게 연변 자치주가 되었고, 성품이 깨끗하고 부지런하여 제일 잘 산다고 했다. 연변 자치주 연길, 용정, 도문시는 모든 간판이 한글이 먼저고 다음 중국어 한자로 표기하고 있었다. 언어, 풍습, 교육 등 우리의 것을 그대로 이어가고 있다. 그러나 근래에 와서는 인구가 차츰 줄면서 연변 자치주가 사라질 위기라는 말이 있어 걱정이란다. 정말 걱정스러웠다. 하루빨리 요동반도와 북간도 발해국의 옛 땅을 찾아야 한다고 열변을 토하시던 선생님이 또 생각이 난다. 백두산 천지의 반이 중국에 넘어간 것을 아셨다면 또 얼마나 괴로워하였을까를 떠올려보니 말문이 막힌다. 중국의 도문시 사람들은 두만강 강둑에서 거닐고 노니는데 북한쪽 강변에는 초소 외에는 사람의 그림자도 보이지 않는다. 언제 통일이 되고 저 민둥산이 중국산처럼 숲이 우거질 수 있을까? 요동반도와 북간도 만주벌판을 찾을 날이 올까? 잠시 생각에 잠겨본다.

이규선

가을이 지나는 들녘엔 갈대가 서걱 대고
우리 시계 시인들의 마음들도 부벼져
아름다운 시들을 빚어냈으면 합니다
밤하늘의 별처럼

詩

청개구리
귀뚜라미
도둑 고양이
베란다 난간에 매달린 빗방울
작은새의 동그란 등

약력

「문파문학」 신인상 등단, 문파문학회 회원, 시계문학회 회원, 한국문인협회 회원, 저서 : 공저 『가을 햇살 폭포처럼 쏟아지는데』 외 다수

01

청개구리

외할아버지는 동네에서
소문난 으름장이셨다
여름방학 외갓집대문을 열고 들어가면
토란이 우물물 흘러내리는 도랑 옆에서
두어섬 자라고 있었다
이끼에서 기어오른청개구리 한 마리
커다란 잎 위에서 발가락 끝으로
물장난을 치고 있었다
영감님이야 소리를 지르든
말든…

오후 장맛비 그치고
사무실 앞 화단에 심어놓은 토란잎 위에
그때 그개구리 수영장을 차려놓았다
개구리의 자맥질이 옛 기억 속으로
헤엄쳐 간다

외할아버지 마른 기침소리 들려온다

02

귀뚜라미

장마끝
안방구석
눅눅한 공기 속
방 한가운데로 기어나온
벌레 한 마리

날벌레려니 하고
손바닥으로 내려치려는
순간
손바닥이 공중에 멈춘다

손바닥 아래 움직이는
엉덩이 통통한
귀뚜라미의 촉수 위로
나의 생명선이 그려져 있다
운명선 아래로 천천히 기어가는
작은 발가락

가을이 오면
엄지와 검지 사이를 떠난 귀뚜라미는

손바닥 위의 운명선을
작은 손가락으로 튕기며
가을을 노래할 것이다

03 도둑 고양이

기르던 사람과 헤어져 집을 나온 지 오래 아파트 울타리 난간 밑으로 조심스럽게 고개를 내미는 한 마리 살벌한 경계의 눈빛 조심스런 발자국으로 몸 전체를 내어놓는다 영역 순찰 중 아파트에서 나오는 음식물 쓰레기가 생명의 끈 은밀한 곳으로 이어지는 발자국 위로 그들만의 구역이 나누어지는 경계선이 생겨났 을법 식량보유순으로 식당촌 1급 주택지 2급 공장지대 3급 들이나 산 강가 그 외는 3급 이하로 발톱이 긋는 선이 경계일 것 아파트는 중간 급수에 해당

그의 일자 눈동자에 빗장이 닫히고
빗장뒤로 영역이 감추어진다
뒤를 따라 걷는 3마리 새끼고양이
그들의 선한 눈동자에도 빗장이 채워질 것이고
훗날 순서로 지어진 영역으로
그들도 나뉘어져 갈 것이다

04

배란다 난간에 매달린 빗방울

장맛비 지척이는 오후
빗줄기 잠잠해진 베란다
빗방울 여럿 난간에 매달려
안간힘을 쓴다

곤두박질 시작하려는
물방울 속에서 각을 본다
창틀이 비추어낸 각
프리즘을 통해
각을 쳐낸 것일 뿐

빗물에서
눈물을 본다
슬픔 속의 각
흐느낌의 각
통곡의 각
멈추어야만 할 각

빗물은 물질의 원리로만
낙하하지만
눈물은 슬픔을 알고 떨어진다

05

작은 새의 동그란 등

빗물을 살짝 털어낸 작은 새

가슴엔 못다 한 말들이 너무 많아
부리를 조금씩 움직여보지만
소리 낼 수 없어
젖은 날개를 한입 깨물고
들키지 않을 떨림으로
발등 위에 물방울을
한 방울씩 떨어뜨리고 있네

김옥남

일상이 졸고 있을 때
만선의 기쁨을 안겨준 그대
그대가 있어 하루가~
또 오늘이
차~암 좋습니다

詩

약력

문파문학회 회원, 시계문학회 회원, 한국문인협회 회원, 저서 : 공저 『가을 햇살 폭포처럼 쏟아지는데』 외 다수

01

할머니와 오일장

늦더위가 기승을 부리던 날
모시적삼 모시치마
곱게 차려입으신 할머니
나설 채비를 하신다

뚝방길을 지나 신작로가 시작되는
그곳, 오일장이 서는 장터
사방팔방에서 모여든 사람들
환한 웃음으로 안부인사 건넨다
울타리 없는 커다란 사랑방이다

살금살금 일어선 햇살이 머무는 담벼락
산나물, 더덕, 도라지,
탐스러운 복숭아
줄 맞춰 옹기종기
나란히
나란히
오가는 사람들 유혹한다

잘 익은 복숭아 바구니 앞에 앉은 손녀

목울대 오르락내리락 하면
할머니 삼베지갑은 입을 헤벌쭉 벌리고
지폐 한 장 토해낸다

입안에서 사르르 퍼지는 향기
할머니의 사랑을 먹으며
여름을 삼킨다
태양이 정수리 위에 머물기 전
다녀온 오일장

기억 저 먼 곳에서
스믈스믈 기어 나오는 추억 한 조각

02

바램

차가운 바람
고개숙인 햇살
서글픔 한 웅큼이 헝크러진 실타래처럼
내동댕이쳐 있다

언제부터 소원해진 것일까
언제부터 덤덤함이 자리하고 있는 걸까
절대로 무관심은 아니라고

그냥
조금은 나태해지고 싶었을 뿐이라고
마음 다독인다

밤하늘에 수놓은 불꽃처럼
온 산에 불타고 있는 단풍처럼
뜨거움 다시 찾고 싶다

또 한 번
빛바래지 않는 추억
만들고 싶다

03

욕심

커피를 마신다
사랑을 마신다
마시면 마실수록 목이 탄다

얼만큼 더 마셔야 갈증이 사라질까
욕심을 버려라
가슴속에서 크게 외치는 소리
귀머거리가 되어간다

04

시월의 노래

풍성함이 그득했던
시월의 어느 날
하늘이 열리고 천지가 춤추던 그때
한 쌍의 원앙을 위한 환상의 축제 열리고
축복의 노래 불렀다

날카로운 가시 가슴에 품고
이슬방울 머금고 있을 때
환한 미소 머금고 다가와
세상의 그 무엇과도 바꿀 수 없는
기쁨을 선사 한 그대는
나의 탁월한 선택의 선물

그댄
든든한 울타리 되어
유야무야 했던 수많은 일들
멀리 떠나보내고
파도에 닿고 달아 몽돌이 된 일상
목화솜처럼 아늑한
보금자리 만들었다

05

자연의 분노

천둥과 번개
날카로운 섬광 날리는
깊은 밤
우르릉 쾅쾅-
콰앙-
후두둑후두둑
자자작자자작
국지성 호우 발자국 소리
저승사자 발자국 소리다

내 땅이다 네 땅이다
땅따먹기 하던 사람들
앞다투어 나무 베어내더니
자동차도 사람도
흙탕물에 휩쓸려 떠나보내고
산비탈 무너져 10여 명의 젊은 피 멈추게 했다*
가슴에 다시 뜨지 않을 태양
깊은 수렁에 빠지게 했다

하늘이 울부짖고 있다
땅이 몸서리를 친다

---

* 2011년 7월 104년 만의 폭우. 많은 피해가 있었고 산사태가 일어나 춘천에 위치한 팬션을 덮쳐 인하대생 13명이 사망하였다.

박진호

살고 있다는 의미를 나열해봤습니다
시로 휴식의 시간 되시길 기원합니다

詩

약력
시계문학회 회원, 저서 : 공저『가을 햇살 폭포처럼 쏟아지는데』 외 다수

01

관상 – 홀로서기

욕조에 몸을 담그고 지난 삶 떠올리면
가위에 눌려 허덕여 온 그늘이 많았다
수영장에 가면 왜 그리 뜨기 어려운 지
물 먹지 않으려 허덕이던 시간들
삶이 어려울수록 혼자가 아니라는 사실들
혼자 고립 될수록 찾아오는 영적 존재
버지니아 울프의 유령의 문제
간절할수록 찾게 되는 신과의 만남
삶의 그늘이 선한 마음이어야 한다는 압박감
벗어날 수 없는 죄의 그늘에서 벗어나는 건
오직 신의 은총에 매달리는 것
'선과 악' 의 수수께끼를 답하는 자
새 삶의 문이 열린다
개인의 문제가 아닌 모두의 문제를 풀어주는 문제
어둠의 그늘에 들어간 자만이 풀 수 있는 기도
삶이 녹록치 않다는 건 심판이 있기 때문
어두운 미래에도 희망이 있는 건
하늘 위 햇살과도 같다

02

꽃

사춘기가 온다
서먹함
달아오르는 꽃잎

아름다움도 스러지는
소요음영逍遙吟詠*
상사화 군락

* 소요음영 : 천천히 거닐며 시가를 읊조림

03

삶의 자리 – 분신

조용히 바라보고 있으면
찾아오는 빛의 신비를 볼 수 있다
과거를 회상하고
미래를 느끼게 하는
함께하는 평온

시는 낚시 같은 것
평생 벗이다

꿈틀거리는 생명력을 살리려면
절망을 뿌리치려면
행운의 손맛을 보려면
인내의 침묵이다
삶의 진수다

마음은 별자리
별을 볼 여유가
조용히 바라보는 삶이 된다

04

천사의 아픔

꿈길 속, 아련한 마음의 상처들도
천사의 기도를 받으면 아름다운 추억이 된다
천사들은 받아내는 마음의 피들로 괴롭다
삶의 방향을 조금 바꾸기 위한
처절한 싸움을 하는 영혼과 천사들
꿈속은 응급 수술실이 된다
참꽃마리를 보면 행복의 열쇠가 보이던가
천사의 나팔은 무엇을 노래할까
에델바이스의 추억을 얻기 위한
영혼과 천사들의 연합작전
영혼도 성형수술을 하는 시대
천사들은 고난의 길을 어떻게 걸어갈까

05

추억의 길

코스모스 길을 따라 철로가 놓여 있다
기차가 검은 연기를 뿜고 철로를 달리면
코스모스 춤을 춘다

코스모스로 꽃반지 만들어 줄 이도 없건만
깊은 인연의 향기를 품고 있어
언제나 다시 돌아갈 곳이 있다는 생각 품고
기차는 달리고 있다

인생의 중간쯤 돌아보면
코스모스 꽃길을 달리는
감사의 눈물

김복순

봄 가을소풍 흙냄새 풀냄새
마냥 즐거웠던 그 시절
모두가 시가 된다

詩

약력

시계문학회 회원, 저서 : 공저 『가을 햇살 폭포처럼 쏟아지는데』 외 다수

01

단비

벌거숭이 산과
메마른 땅에
단비가 촉촉이 적셔 주네요
흙을 이불 삼아
베개 삼아
잠자던 생물들이 기지개 펴고
나올 날도 멀잖네
조금 있으면
나뭇잎이 파릇파릇
진달래꽃
개나리꽃
알록달록 앞 뒤 동산이
아름답게 꾸며지겠네
봄이 왔네
봄이 왔어
농부들의 흥겨운 노래가
들려지겠지

02

동심

토실 토실 밤 토실
포동 포동
우리 아가
어느새 훌쩍 커서
엄마를 챙겨주는
딸이 되었네
나의 어릴적
추억을 떠올리며
너를 생각해 본다
너의 친구가 되어
동심으로 돌아가
너랑 마음껏 즐기고 싶다

03

우렁각시

사랑하는 그대여
그대가 보고파
만나고 싶어
말없이 당신 있는
곳으로 갑니다
당신이 머무는 곳에
아니 계시더라도
우렁각시 되어
맛나는 음식 상 차려 놓고
기다립니다
그대가 있어
행복합니다

04

편지

내 마음
그대 품에 품었을까
기다리면
소식 바람 타고
여민 내 가슴에 파고들겠지
아침 까치 소리에 잠 깨어
반가운 소식 오려나
방문을 열어 본다
싸리 대문 밖 뜨락에
심어 있는 나무들 사이를
까치가 오고 가며 노래 부른다
한나절 즈음
우체부 아저씨 편지 왔어요
반가움 설렘으로 소식 읽어 본다
한구절 구절마다
내 마음 사랑으로 가득 채워진다

05

화롯불

장작불에
밥 짓고
쇠죽 쑤어
빨갛게 달은 숫덩이
부삽으로
화로에 담아
된장찌개 보글보글
적쇠에 생선 구워
밥상 앞에
열한 식구 둘러앉아
도란도란
이야기꽃 피우며
너도 한 수저
나도 한 수저
어느새
된장찌개 담은 옹기
바닥을 드러낸다

손거울

묻혀 버릴 것 같은 추억을, 가느다란
실 끝을 붙잡고 찾아 나선지 1년여
책장으로 쌓여가는 기쁨으로 오늘도
내 기억 저편을 헤매고 있다
후일 다음 세대가 그 책장 넘기며 그날
그리게 하고 싶다
잠자리 한 마리가 찢어질 것 같은
연약한 날개를 팔랑거리며
가을 하늘을 날고 있다

詩

아버지 담뱃대
가을 운동회
초등학교 졸업 풍경

약력

시계문학회 회원

아버지 담뱃대

일을 운명 삼아 다른 별 다른 취미가 없으셨던 아버지는 담배를 즐기셨다. 어디를 가셔도 담배쌈지는 챙기셨다. 아버지 담배쌈지에는 누렇게 말린 엽연초와 불그스름한 색을 띤 부싯돌과 쇠로 된 부시 쇠, 그리고 쑥을 말려 부드럽게 손으로 비벼 만든 부시 솜 등이 복잡하게 들어 있었다. 멀리 가시다가도 혹시 담배쌈지를 잊어버리셨으면 다시 돌아와 반드시 가지고 가셨다. 쌈지는 아버지의 동반자였고 담배는 아버지의 가장 친한 친구였다.

아버지가 아침에 자고 일어나서 제일 먼저 하시는 일이 담뱃대에 불붙이는 일이었다. 부싯돌에다 부쇠를 부딪치는 소리가 요란하였다. 찰깍찰깍 수십 번 부딪쳐야 겨우 불꽃이 튕긴다. 불꽃이 솜에 올라붙으면 담뱃대에 불을 붙일 수 있었다. 때로 불이 잘 붙지 않으면 아버지는 오랫동안 찰깍거리셨다. 담배 불붙이기가 그리도 어려웠지만 담배는 끊지 않고 늘 즐기셨다. 가끔 이불 속에서 찰각거리는 부싯돌 소리에 잠을 깰 때면, 나는 왜 아버지는 그렇게 열심히 담배를 피우시는지 이해하기가 어려웠다.

아버지는 어딜 가시던지 담배쌈지는 꼭 지니고 다니셨지만 어쩌다 가끔은 잊고 일보러 가실 때도 있었다. 한번은 소 구루마를 몰고 시장으로 가신 후, 아마 신작로까지는 가셨으리라 여길 즈음에 도로 집으로 오셨다. 우리들은 깜짝 놀라 사고가 난 줄 알고 물었으나, 아버지는 말없이 사랑방으로 들어가시더니 담배쌈지를 꺼내 들고 나

오셨다. 신작로에서 담배 생각이 나서 길가에 소 구루마를 세워두고 다시 오셨나 보다. 담배쌈지를 들고 나가시면서 힐끗 우리들을 돌아보시고 겸연쩍게 웃으셨다. “그깟 담배 하나 못 끊어 저렇게 고생을 해.” 엄마의 궁시렁거리는 소리를 못 들은 체 하시며, 아버지는 힘찬 발걸음으로 담배 연기와 함께 신작로 쪽으로 사라지셨다.

들에서 일하시다가 담배를 잊어버리면 지나가는 동네 사람들을 통하여 집으로 담배쌈지 배달 전갈을 보내신다. 엄마는 주로 나에게 심부름을 시켰다. 아버지 손때가 쩨쩨하게 달라붙은 담배쌈지를 들고 나는 들로 뛰어갔다. 쌈지가 배달되면 아버지는 반가워하시면서 쟁기를 논바닥에 꽂아둔 채 부싯돌을 두들기셨다. 물고 계신 곰방대 위로 뽀얀 연기를 하늘로 날려 보내면서 나를 보고 별 말씀은 없으시며 빙그레 웃어 주셨다. 즐거워하시는 아버지 모습에서 나는 심부름 하는 보람을 어렴풋 느끼곤 하였다.

성냥이 등장한 후부터 담배뿐만 아니라, 모든 가정에서 편리하게 불을 지필 수 있었다. 그토록 소중하게 여기던 집집마다 불씨 지키기가 빛이 바래져 갔다. 새댁이 시집 오면 가장 먼저 시어머니의 당부중 하나가 불씨를 지키라는 경고였고 이를 지키지 못하면 구박을 받았다. 그러나 아버지는 담뱃불은 성냥을 좀처럼 쓰시지 않았다. 사각으로 생긴 큰 성냥 통은 무엇보다 귀한 대접을 받았다. 성냥 통은 집안의 중심부에 엄마의 통제하에 자리를 지키고 있었다. 성냥 한 개피 아끼려고 아궁이에서 다른 아궁이로 불을 옮길 때는, 성냥을 쓰지 않고 불이 붙은 숯덩이를 옮겨 입으로 바람을 불어가며 불을 지폈다. 아버지는 들에나 산에 가실 때 성냥보다는 꼭 부싯돌을 챙기시고 담뱃대와 담배쌈지 안에 습관적으로 넣어가셨다.

세월이 한참 지난 후 어느 날, 읍내 오일장에 다녀오신 아버지는 이상한 물건 하나를 담배쌈지에서 꺼내 자랑하셨다. 한손으로 작은 모자를 딱 붙쳐 쓰고 있는 것 같은 그 물건을 아버지는 한 손으로 모자를 벗기고는 엄지로 살짝 돌렸는데 찰칵 소리를 내며 불이 켜지는 신기한 것이었다. 아버지를 둘러앉아서 보고 있던 우리 형제들은 모두 놀라 환성을 질렀다. 그것은 곧 라이터라는 신 발명품이었다. 이 신 발명품이 우리 집까지 찾아오는 데는 많은 시간이 걸렸을 것이다. 그래도 읍내까지 찾아온 그 신기한 물건을 아버지가 담배를 좋아하신 관계로 남보다 먼저 손에 넣으신 셈이다. 라이터는 우리들의 호기심을 자극하여 아버지 쌈지만 보면 라이터를 꺼내 불을 켜보곤 하였다. 그때마다 아버지는 돌이 닳는다고 싫어 하셨다. 이후로 찰칵거리던 부싯돌 소리에 새벽잠을 깨는 일은 없어졌다.

아버지 연세가 마흔이 되는 생신날이었다. 친인척들이 모여 생일상을 즐기고 있는데 아버지는 한복 정장을 차려 입으시고, 처음으로 장죽을 물고 의젓하게 나타나셨다. 알록달록하게 무늬를 새긴 담뱃대는, 길이가 상당히 길어 혼자서 불붙이기도 어려울 정도였다. 당시 담뱃대 길이는 연륜과 권위의 상징이었다. 그래서 양반들은 담뱃대가 너무 길어 혼자 불을 붙이지 못해 담뱃불을 붙여주는 담방고라는 동자를 두었다고 한다. 그때 우리 동네는 관례로 40세 전에는 누구도 장죽을 물고 다닐 수 없었다고 한다. 이는 어른을 상징하기 때문에 40세가 되어야 장죽을 물고 다닐 수 있도록 허용되었던 것 같다. 아버지는 그토록 기다리던 장죽을 물고 빙긋이 웃으시던 그 모습이 지금도 눈에 선하다. 요즘 아마 65세가 되면 국가적으로 노인 대우하는 것과 같다고 할 수 있을까?

사랑방 앞에는 언제나 노랗게 물던 담뱃잎을 잘 엮어서 길게 매달아 말리고 있었다. 이것을 아버지는 시간이 날 때마다 칼로 아주 잘게 썰어 쌈지에 넉넉히 담아 다니셨다. 아버지는 담배대접을 좋아하셨다. 들에서 친구 분을 만나면 꼭 한 대 피우라고 권했다. 아버지의 정성이 깃든 담배였기에 손님에게 접대하는 기쁨이 있었던 것 같다. 때로 장죽에 담배를 넣어 대접 하셨다.

해방 후 언제부터인가 우리 동네에도 담배집이 생겼다. 매월 한 번씩 담배가 전매청에서 배달되었다. 배달된 담배 양이 그리 넉넉지 않았다. 담배 배달 오는 날은 온 동네 사람이 담배집 앞에서 기다리곤 했다. 나도 가끔 아버지 심부름으로 담배집 앞에서 기다렸다. 아버지가 기다리는 담배는 엽연초로 이름이 풍년 초였다. 풍년 초는 건빵 봉지처럼 생겼는데 이때부터 아버지는 담배 잎을 말리지 않아도 되게 되었다. 아버지 사랑에는 언제나 반쯤 남은 담배봉지가 주둥이가 꼭꼭 접힌 채 대기하고 있었다.

아버지 방 앞에 곱게 엮어 매달려 있던 엽연초 줄이 한창 물들어 가는 요즈음의 단풍을 보면서 더욱 아버지가 새롭게 그리워진다. 금연 운동이 한창인 요즈음 아버지가 즐기시던 담배와 누런 때로 쩔은 담배쌈지가 생각난다. 라이타의 신기한 불꽃에 감탄 하던 때, 그리고 마흔 생신날 장죽을 물고 나타나셔서 한껏 권위를 자랑하시던 아버지의 소박한 욕심, 곰방대에서 장죽으로 엽연초로 또 권련으로 바뀌어 온 세월, 아버지는 엽연초를 즐기셨지만, 권련 시대는 맛보지 못하신 채 먼 길 가셨다. 요즈음 금연 운동이 한창이다. 아버지도 계셨으면 금연하셨을까? 아닌 것 같다. 나는 지금 아버지가 계시다면 좋은 담배 사다드리고 싶다. 담배는 아버지의 가장 친한 친구였으니까. 아버지는 그 장죽을 오래 즐기시지 못하고 먼 길 가시고 말았다. 아버지는 가셨지만 몇 년 동안 주인 잃은 장죽 홀로 아버지 빈소를 지켰다.

가을 운동회

추석을 쇠고 가을바람이 불기 시작하면, 내 고향에 하나뿐인 초등학교에서 가을 운동회가 열린다. 나는 운동신경이 남달리 둔한지라 운동회가 그리 즐겁지만은 않았다. 그러나 한해에 한 번 엄마가 우리 학교에 오시는 날이고, 여러 가지 맛있는 것을 사 먹을 수 있는 날이기에 기다려졌던 것도 사실이다. 또 그날은 엄마와 같이 학교 가까이 있는 외갓집에 가는 날이기도 했다.

운동회 날 아침 일찍 교문을 들어서면 긴 빨래줄처럼 늘어뜨린 만국기가 무척 아름다웠던 기억이 난다. 교문을 지나 운동장으로 들어오면 횟가루로 하얗게 줄을 쳐놓은 여러 종류의 줄들이 새 운동화처럼 산뜻해 보였다. 부지런한 솜사탕 장사는 벌써 자전거를 세워두고 목청을 돋우어 가며 솜사탕을 팔고 있다. 6.25 전쟁 전인 3학년까지는 홍군과 백군으로 나누어 운동장 남쪽 편에 자리 잡고 응원을 했는데, 사변 후에는 붉은색은 공산당이 좋아하는 색깔이라 청군과 백군으로 나누어 앉아 응원했다. 머리에는 각자 집에서 엄마들이 만들어준 규격이 없는 홈 메이드 푸른 띠와 흰 띠를 각각 매고 기차박수로 시작하여 "청군 이겨라" " 백군 이겨라" 목청껏 외치며 응원한다.

응원석 건너편에 있는 본부석에는 흰 천막을 쳐놓았고 그 아래는 기다란 테이블을 펴고 그 위에 주로 공책 연필 그리고 양은 냄비 등 각종 상품을 즐비하게 쌓아두었다. 대머리 교장 선생님, 면장님, 모자에 금테를 두른 지서장님과 역장님이 두 팔을 쭉 펴고 점잖게 의자에 앉아 계신다. 그 옆에는 사친회장님이신 양조장 사장님도 보인다. 전기가 들어오지 않는 우리 학교는 라디오 한 대도 없는지라 배경음악은 꿈도 꾸지 못한다. 몇 개 안 되는 핸드마이크만 있을 뿐이어서 육성으로 지휘하시는 선생님의 목소리는 저녁이 되면 약간 쉰 목소리로 변했다.

우리 모두의 관심사는 개인적으로 상을 받을 수 있는 개인 달리기였다. 운동회 복장은 정말 여러 가지였다. 내가 하급생일 때는 남학생은 모두 고무줄이 보급되기 전이라 끈으로 무명실 줄로 만든 팬티를 입고 뛰었고 여학생은 발까지 덥히는 몸빼 바지를 입고 물론 모두 맨발이었다. 남학생은 런닝셔츠가 나오기 전이라 모두 까만 알몸이다. 요즘 TV에서 보는 아프리카 어느 초등학교와 별 다를 바가 없었다. 그래서 여학생의 다리를 한 번도 구경하지 못한 채 6학년까지 다녀야했다. 더러 달리던 녀석이 엄마들이 매어준 팬티 끈이 약하여 달리는 중에 팬티 끈이 떨어 저 한 손으로 팬티를 잡고 달리는 친구도 더러 있었다. 그런 녀석이 달리면 온 운동장이 웃음 바다가 된다. 달리기 출발선에는 하나밖에 없는 화약총 소리가 요란하다.

우리 반이 달릴 차례가 되어, 드디어 내가 출발할 차례가 되었다. 여덟 명이 한 줄로 출발선에 선다. 우리 반에서 가장 키가 작고 신경이 둔한 나는 하얀 출발선에 서면, 벌써 가슴이 두근거리고 다리가 후들 거린다. 선생님이 화약총으로 "빵" 하고 총을 쏠 때는 더욱 더 긴장되었다. 총소리에 깜짝 놀라 내가 허둥거릴 때 벌써 다른 친구들은 저만치 달리고 있다. 매번 잘 뛰어야 7등이다. 뜨거운 햇살을 받으며 열심히 응원하고 있는 엄마에게 언제쯤 한문으로 '상賞' 자가 콱 찍혀있는 공책 한 권 보여 드릴 수 있을까 하고 내심 기대 했지만, 6년 동안 늘 헛꿈이었다.

2학년 때였던 걸로 기억된다. 출발선에서 반쯤 달리다가 중간에 엄마 손목잡고 달리기가 있었다. 운동회 전날 선생님의 전갈로 이미 엄마도 알고 계신다. 내 눈에 출발선 저쪽에 있는 엄마의 모습이 아물거렸다. 출발신호에 맞춰 있는 힘을 다해 엄마가 있는 쪽으로 달려가고 있는데, 이모가 쫓아오더니 내 손목을 덥석 잡고는 달리기 시작했다. 엄마의 셋째 동생인 이모는 힘이 아주 세고 달리기도 잘했다. 이모 손에 질질 끌려가다시피 달려가는데 이모가 의욕이 앞서 나를 너무 세게 당기는 바람에 내가 그만 엎어지고 말았다. 다시 일어나 이모 손에 끌려 골인 지점으로 들어갔는데 그때 내 생애 최고 등수인 4등을 받았다. 온 가족이 공작을 했는데도 기대 했던 공 책 한 권은 수포로 돌아갔다. 지금 생각해도 원통하다.

우리 반은 학년 따라 당시 각종 운동 용어도 정리되지 않아 돗찌볼(Touch Ball)이라고 불렀던 피구도 했고, 풋드 베이스볼(Foot Base Ball)이라고 불렀던 발야구도 했고, 송구는 흉내는 내고 했지만 송구공도 없고 골대도 없이 고무공으로 했는데 좀 맞지 않았다. 모든 구기종목도 부끄럽게도 나는 어느 것도 두각을 드러내지 못했다. 그러니 나에게는 운동회가 꼭 즐거웠던 것만은 아니었다.

정오가 가까워오면 운동장에 장대 끝에 달린 큰 찐빵처럼 생긴 파란색과 흰색으로 칠한 두 개의 기구가 등장한다. 어린 동생들이 청군 백군으로 나누어 양손에 두 개씩 오자미를 들고 들어온다. 선생님이 보내는 신호에 따라 장대 끝에 달린 기구를 향해 오자미를 던진다. 한참 두들겨 맞은 기구가 소리를 내며 터지면, 오색 색종이가 와르르 쏟아져 나오고 "모두 함께 점심 맛있게 드십시요" 하는 플랜카드가 기구 안에서 흘러내려온다. 우리 모두는 와아 환성을 지르며 엄마 곁으로 달려간다. 사실 나의 운동회의 백미는 바로 여기에 있었다. 달리기는 못해도 이때는 엄마 곁으로 제일 먼저 달려간다. 엄마는 벌써 보자기를 펴고, 갖고 오신 음식을 차려 두고 기다리신다. 흰쌀밥에 잘 부풀어 오른 찐빵도 보인다. 삭힌 감과 삶은 밤도 보인다. 그러나 나의 관심은 그런 것보다 아이스케키에 가 있었다. 엄마는 운동회 날만은 꼬챙이에 끼인 아이스케키와 솜사탕, 그리고 오색 줄 무늬가 들어간 큰 사탕을 꼭 사주셨다.

운동회가 오후로 접어들면 청군, 백군의 선수가 나뉘어 달리는 릴레이가 있었다. 각 학년에서 선수 한 사람씩을 뽑아 바톤을 넘기며 이어 달리는 릴레이는 전교생을 흥분의 도가니로 몰아넣었다. 엎치락뒤치락 할 때마다 더 큰 함성이 운동장 하늘을 진동시켰다. 청백 응원단은 모두 자리에서 일어서서 고함을 지른다. 처음부터 앞서 달리는 사람 보다 뒤에서 따라잡는 선수가 훨씬 돋보인다.

해가 질 무렵 또 한번 운동장을 진동시키는 이벤트는 동 대항 어른들 릴레이였다. 우리 면은 12개 동이 있었는데, 동마다 4명의 선수를 출전시켜 릴레이를 하는 것이다. 이는 학생보다 학부형들이 더 흥분하는 재미난 경기였다. 여기에서 우승하면 우승기를 받는 영광이 있었다. 우리 동네는 비교적 큰 동네로 가끔 우승을 했다. 그런

날은 학교에서 집까지 꽤 먼 길을 온 동네 사람들이 "여이샤, 여이샤"를 외치며 우승기를 높이 들고 춤을 추며 동네까지 행진하며 즐거워했다. 동네에 도착하면 모두 막걸리를 마시고 밤새워 농악을 울리며 온 동네가 축제 분위기에 휩싸인다.

운동회가 마치며 엄마는 바로 이모들을 모시고 학교 가까이 있는 외가로 간다. 집안일 바쁜 관계로 지척에 두고도 친정에 못 오시다가 운동화 날은 엄마 4남매가 다 친정에 모인다. 이날은 외가에서 잔치판이 벌어진다. 네 자매가 끌고 온 새끼들까지 북새통이 난다. 오랜만에 만난 엄마와 이모들은 밤새 맺힌 이야기들에 꽃을 피우고 우리들 조무래기 들은 외할머니가 해주신 맛난 것들로 배불리 먹고 행복을 느낀다.

벼가 누렇게 익어가는 들판에 서서 반세기가 훌쩍흘러 가버린 어린 시절 운동회를 잠시 조용히 눈을 감고 회상해 본다. 만국기가 펄럭이는 운동장, 후들거리며 출발선에 선 코흘리개의 내 모습, 어린 내 손목을 잡고 냅다 달리던 막내 이모, 이제는 다시 만날 수 없는 이들, 선수들의 릴레이에 환성을 지르던 응원단, 동 대항 릴레이에 우승하여 우승기 높이 들고 춤추며 마을로 향하던 그 행진들이 눈앞에 삼삼하다.

초등학교 졸업 풍경

피비린내 나는 동족상잔의 혼란 속에 지루한 휴전 협정이 계속되고 있었다. 휴전이 협정조인 되기 몇 달 전 우리는 졸업식을 준비하고 있었다. 사변이 나던 해 우리는 초등학교 4학년이었고, 우리가 입학할 때는 학년 전체가 남학생 두 개 반, 여학생 한반 모두 세 개 반으로 나누어져 수업했지만 졸업 할 때는 한 개 반만 남게 되었다. 남은 한 반으로 두서없이 초조하게 휴전 협정이 되기를 기다리며 졸업 준비가 진행 되었다.

그나마 남은 친구들은 행운이었다. 전쟁으로 집안 형편들이 어려워져 한 해 동안 무려 30% 가량의 학생이 자퇴하게 되었다. 집안 형편으로 중도에 그만두는 친구들이 많았고 특히 형들이 전사한 경우에는 자퇴자가 많았다. 자퇴자 중에는 여학생이 비율로 더 높았다. 4학년까지 세 개 반이던 우리학년은 5학년이 되면서 두 개 반으로 편성되었다. 다시 6학년 때는 더 많은 친구들이 자퇴하여 모두 한 반으로 합쳐졌다. 반 정도로 줄어진 남은 친구들이 모여 53년 1월부터 졸업사진 찍는 것으로부터 졸업 준비는 시작되었다.

졸업 사진 찍는 날이었다. 며칠 전부터 선생님의 당부가 있었다. 사진 찍는 날은 깨끗한 옷을 입고 오도록 신신당부하셨다. 그러나 모두 한 벌밖에 없는 핫바지 저고리 외에는 달리 옷이 있을 리가 없었다. 여학생들은 흰 저고리에 검정 치마를 준비하라고 하셨다. 남학생은 아직 겨울이라 대부분 검정색 아래 윗도리 뿐이었다. 한결같이 콧등을 문질러 소매 끝이 반지르 한 옷을 입고 왔는데, 유독 한 친구는 좀 큰 옷을 입고 왔다. 깨끗한 것을 입고 오라는 선생님 요청에 따라 아버지 흰 바지 저고리를 빌려 입고 왔다. 선생님이 왜 검정 옷이 아니고 흰색 옷이냐고 물었을 때 그 친구 대답이 눈물겹다. 자기 것은 검정색이지만 너무 기워서 사진이 얼룩질 까봐 엄마가 특별히 아버지 흰 외출복을 빌려 주어 입고 왔단다. 소매도, 품도 맞지 않는 큰 옷 입은 그 친구 보고 선생님도 더 말씀하시지 않았다.

나의 고종 한 녀석이 같은 졸업반이었다. 그의 아버지는 일제시대 일본에 가 살고 있었고 해방이 되어 귀국했다. 귀국하면서 하나뿐인 아들을 위하여 세비로 양복 한 벌을 들여왔던 것이다. 고모가 오랫동안 고이 장농 깊이 보관하다가 졸업식에 입혀 보냈다. 그런데 문제는 모두 처음 보는 양복이었다. 물론 선생님 양복은 보았지만, 또래가 입은 것은 처음이었다. 진곤 색 양복으로 요즘 TV에서 보이는 북한 김정일 위원장이 입고 나오는 옷과 흡사한 복장이었다. 읍내에서 오는 사진사를 기다리느라 교실 앞에 몰려있던 친구들이 양복쟁이를 보자 모두 놀려 대기 시작했다. 반 친구들이 우르르 몰려와 빙 둘러서게 되었고 "양복쟁이", "양복쟁이" 하고 소리 지르며 놀려대었다. 끝내 양복쟁이 착한 녀석이 돌아서서 울기 시작했다. 아껴 입고 온 새 양복에 눈물로 얼룩지기 시작했다. 공교롭게도 기다리던 사진사가 타고 오던 자전거가 고장이 나는 바람에 다음 날로 사진 촬영이 미루어 졌고, 그 고운 멋쟁이 양복은 졸업 사진에 찍히지도 못하고 말았다.

사은회 날이었다. 날이 저물어 가는데 우리들은 가까운 냇가 자갈밭에 모였다. 이 골짝 자갈밭은 한때 우리가 유엔군으로 출정 온 미군에게 교실을 내어주고 야외 수업 하던 곳이다. 돌 하나씩을 주어 엉덩이를 붙이고 둘러앉았다. 기다리던 사은회 상이 차려졌다. 자갈밭 위에 적당히 책보 보자기를 펼쳐놓고 그 위에 사은회 상을 차렸다. 과자는 꿈도 꿀 수 없고, 강냉이 뻥튀기가 수북이 쌓였다. 평소에 많이 먹을 수 없었던 강냉이 박산, 그날은 푸짐하다. 달콤한 맛을 위하여 사카린을 좀 많이 뿌렸는지 가끔 쓰게 느껴지는 것도 있다. 그리고 선생님 댁에서 준비해온 것으로 기억 되는데 상어를 무생채와 고추장으로 무쳐온 회무침이 한 바케스가 놓였다. 그리고 양조장에서 나무통 막걸리 한 말이 배달되었다. 우리는 청소하던 바케스에다 막걸리를 부었다. 6-1 이라 검은 글씨가 선명한 바케스에 준비해온 사카린을 한 숟갈 태우고, 반장 녀석이 손을 씻었는지 모르지만 팔을 넣어 몇번 저었다. 내 눈에는 그 녀석 팔꿈치의 까맣게 눌려 붙은 땟국물이 바케스 속으로 흐르는 듯했다. 그러고 보니 막걸리 맛이 아닌 단맛을 내는 음료수였다. 표주박 잔으로 모두 한잔씩 돌렸다. 한잔 받아 마셔보니 달큰 한 것이 맛이 괜찮았다. 단것이면 모두 맛있는 시절이었던가 보다.

유행가를 잘 부르는 정창수의 "울려고 내가 왔든가" 라는 옛날 노래에 이어 담임 김상화선생님의 멋진 노래 한 자락을 시작으로 흥겹게 여흥이 진행 되었다. 늘 들어도 너무 멋진 담임선생님의 십팔번 이화자의 '어머님 전상서' 였다. 가사 한 구절은 아직도 기억에 남아있다. "하서를 받자오니 눈물이 앞을 가려 연분홍 치마폭에 얼굴을 파묻고서 하염없이 울었나이다." 시집간 딸이 친정 엄마로부터 받은 편지 답장으로 쓴 편지, 어머님을 그리는 마음이 절절한 사연이었다. 그 노래를 들으며 아버지 생각에 혼자서 눈물이 났다. 우리 모두 재창을 외쳤고 선생님의 또 다른 십팔번 '귀국선'을 분위기 있게 불러 주셨다. 달콤한 막걸리 맛에 한잔씩 마신 풋내기 술꾼들의 얼굴이 빨갛게 달아오를 즈음 골짜기에는 어둠이 조용히 내려앉기 시작했다. 옥수수 튀김을 어지간히 주워 먹었는지 입안이 칼칼했다.

2월 말 즈음 우리는 강당에 모여 졸업식을 거행하였다. 교실 두 개 터서 쓰는 강당은 늘 이불 홑청 같은 것으로 가리 게를 했는데 우리 졸업생 일동이 학교에 기념품으로 광목으로 된 막한 세트를 기증 했다. 예정대로 졸업가 1절은 재학생들이 불러주었다. "빛나는 졸업을 타신 언니께 꽃다발을 한 아름 선사 합니다……." 2절은 졸업생인 우리가 부를 차례다. "잘 있거라 아우들아 정든 교실아 선생님 저희들은 물러갑니다." 이 구절을 부르는데 가슴이 스르르 가라앉는 것 같은 느낌이 들었다. 이때 한 분단 따로 앉았던 여학생들이 울음보를 터뜨렸다. 갑자기 식장은 울음바다가 되었다. 생각해 보면 여학생들로서는 마지막 졸업식이 대부분이었고 졸업하면 집에서 집안일 하다가 20세 전후되면 시집가게 된 그 과정이 너무 단순하고 서글프기도 했으리라 여겨진다. 울음소리가 섞인 3절은 재학생과 졸업생이 같이 부르는데 나도 목이 메어 부르지 못했다.

우리에게 큼직한 졸업증서 한 장씩 주어졌다. 손으로 말아 들고 교문을 나서는데 여남은 명의 동네친구들도 보이지 않고, 부모님도 참석하지 않은 졸업식은 참으로 썰렁했다. 한 번 더 교문을 돌아보았다. 6년 전 그날은 아버지 손잡고 설레이는 마음으로 교문을 들어섰는데, 그때 아버지 하신 말씀 지금도 기억에 남아 있다. "니 공부만 잘 하면 아부지가 끝까지 공부시켜 주꾸마" 하시며 손목을 꼭 잡아 주시던 아버지는 약속을 어긴 채 이미 오지 못 할 길을 떠나셨다. 아버지 손잡고 입학 하던 날은 개나리가 노랗게 학교 울타리를 장식했는데 그날은 아직 봉오리도 보이지 않았다. 상급학교 진학도 보장되지 않은 동네친구들은 담임선생님께 인사도 드리지 않은 채, 무거운 발걸음으로 집으로 향했다. 집 앞 골목에 나와 계시던 엄마가 내 머리를 쓰다듬으며 돌아서더니 앞치마 자락을 치켜 눈물을 닦으신다, 아버지 생각하시는 것 같다. "넉 아버지 있었으면 좋아 할 낀데" 하셨다. 마굿 간 앞에는 작은 새 소꼴 지게가 주인을 기다리는 듯 보였다.

신화식

'진지한 삶에는 대가가 있다' 는 말을
어느 책에서 읽은 적이 있습니다
세월의 깊이가 느껴지는 글이기를 언제나
갈망하지만 지금은 아기의
걸음마일 뿐입니다

詩

隨筆

약력
시계문학회 회원

01

반달

어둠을 밝히고
언제부터 나를 보고 있었니
그리움의 눈빛
그것도 모르고
잠만 자고 있었네

날이 밝을 때까지
반쪽 몸으로
세상을 내려다보고
몸살을 앓고 있는 땅 위의 것들
눈에 밟혀
공중에 머물고 있다

동녘 하늘은 붉어져 오고 있는데
희미한 그림자로 남은
겸손謙讓이 아름답다

02

봄비

봄비가 내린다
소리 없이
쥐죽은 듯 온다
방사능을 섞어 미안하다고
겸연쩍어 하며
대지를 적신다

어릴 때
하늘을 향해 입 벌리고
떨어지는 빗물 받아먹던
더울 때 목 축여 준 생명수
문명이 죽음을 부르는 세상에서
우산을 쓴다

03

숲길에서

어머니 가슴처럼
편안한 숲속
잡다한 굴레에서 벗어나
한 마리 새가 된다

지난 가을 흔적들
거적때기 이불 들치고
영양가 있는 단백질 찾아
두리번 두리번
속절없는 허허虛虛로움
아카시 꽃향으로 채운다

04

옹알이

아기의 옹알거림은
알아들을 수 없어도
귀를 즐겁게 한다
종달새의 지저귐처럼

말할 줄 알아도
귀를 열지 않으면
그 순간은
메아리일 뿐이다

진눈깨비 되어
스러지는 옹알이
가르쳐 주지 마세요
혼자서도 잘 해요
잘난 체
살갗에 닿는 차가움이다

겸손은
시집 온 새 색시처럼
귀를 기울이면서
마음을 비워가는 것이다

때로는
들어 주고
배려하면서
벙어리가 되는 건
고마운 일이다

05

자연 그대로 있고 싶다

도시도 농촌도 아닌
어중이 삶 터엔 흙이 없다
20층 아파트를 올리고
하늘에 삿대질하는
초고층 빌딩이 서 있다

산허리 잘라 도로를 만들고
자동차를 끌어들였다
아스팔트 길 양쪽엔
가로수도 심어 놓았다
눈 씻고 보지만
밭 한 뙈기 없다

관공서가 잡아놓은 빈 터에
텃밭을 일구려고 눈독 들인

땅과 친하고 싶은 사람들
춘분春分을 기다려
상추, 호박, 오이, 배추, 열무 ,가지

벌써부터 꿈에 부풀어
호미질 하는 손길 바쁜데
종달새 쯔비 쯔비 봄노래 한다

60년 전 피난길

얼마 전 북한군이 연평도에 기습적으로 포격을 한 현장을 TV로 보면서 어릴 때 겪었던 전쟁의 참상이 떠올랐다. 포격에 파괴된 건물들, 불타오르는 집과 인적 없는 거리에 들리는 총성, 보따리를 머리에 이고 등에 진 피난 행렬이 60년 전과 다를 바 없었다. 삽시간에 폐허가 된 섬마을은 1951년 한국전쟁 때 파괴된 서울 거리와 같았다. 배에서 내리는 연평도 주민들의 모습을 바라보며 남쪽으로 피난 가던 때를 생각했다. 판문점 휴전 회담이 이루어진 지 58년이 지났다. 평화스럽게 살던 사람들이 육지로 피난을 나오는 일이 생기리라고 상상이나 했겠는가? 세월이 수십 년 흘렀어도 달라진 것이 없는 이념 간 갈등의 도발 현실이 답답하기만 하다.

9.28 수복 후 북진하던 국군과 유엔군은 중공군의 개입으로 후퇴하기 시작했다. 서울에 살고 있던 우리 가족도 피난을 해야 했다. 아버지는 자원해서 제이국민병으로 나가시고 어머니 홀로 사남매를 데리고 서울을 떠날 준비를 했다. 맏이였던 아홉 살 나, 두세 살 터울로 젖먹이 남동생까지 있었다. 한 차례 6.25 전쟁을 겪은 탓에 이웃집들은 일찌감치 피난을 떠나고 아버지가 안 계신 우리 집만 남아 있었다. 동네는 텅 비고 전세는 불리하다는 소식만 들려왔다.

마음이 급해진 어머니는 아버지가 우마차를 주문했던 곳을 찾아 갔다. 마차를 만드는 사람이 처음에는 그런 일 없다고 잡아떼었다고 한다. 어머니는 날만 새면 그곳을 찾아 갔다. 마차를 주문한 확증을 내놓은 다음에야 그는 순순히 내어 주었다.

아버지가 안 계셔서 얕잡아 보고 시치미를 떼는 것이라고 한탄을 하는 말을 어린 우리들에게 했던 기억이 난다. 전쟁으로 사람들은 양심을 버리고 나 살자는 이기심을 키워가고 있었다.

마차사건으로 피난 갈 준비는 더디기만 했다. 다행스럽게도 막내 삼촌이 결혼식 치른 지 얼마 안 되어 군대에 징집되고 숙모님이 우리 집으로 왔다. 사정을 알게 된 숙모님은 형부에게 부탁해서 소 한 마리를 구입하여 같이 피난을 가게 되었다. 그 와중에 어머니는 솜을 두둑하게 둔 옷과 모자를 만들어 우리에게 입히고 갓난쟁이 동생을 업고 길을 떠났다. 마차의 앞뒤에 짐을 쌓고 가운데에 공간을 만들어 나와 동생 둘을 태웠다. 우마차는 숙모님의 형부가 끌었다. 서울 근교에서 농사를 지었기 때문에 소를 잘 다룰 줄 아셨다.

피난 가는 길은 한강을 건너는 때부터 쉽지 않았다. 한꺼번에 몰려나온 피난민들이 서로 먼저 건너려고 아수라장이었다. 새벽에 집을 떠났는데 강을 건너고 나니 겨울 해는 벌써 지고 어두웠다. 빈 집을 찾아 들어가 어른들은 돌을 주워다 솥을 걸고 불을 때 밥을 지어 먹었다. 잠을 자는 둥 마는 둥 모르는 사람들끼리 끼어서 잠시 눈을 붙이고 길을 떠났다. 남쪽으로 내려가는 중에 멀리서 대포소리가 자주 들리곤 했다. 밤중에 폭격을 맞은 곳에서 불길이 치솟으면 그 밤에 다시 길을 떠났다. 쫓기다시피 피난가는 형편에 먹는 것도 하루에 한 끼가 다반사였다. 살기 위해서는 밤낮이 따로 없이 배고픔도 잊고 눈이 내려도 가야 했다. 전선戰線이 우리를 뒤따라오고 있었다.

한 달여 만에 도착한 곳은 어머니 고향인 충남 보령군 웅천면 성동리였다. 자리를 잡은 지 얼마 되지 않아서 젖먹이 남동생이 죽었다. 제대로 젖을 먹지 못하고 어머니의 등에서 살았던 하루 하루의 피난길이 저세상으로 가는 길목이었다. 돌도 안된 아기가 추위와 굶주림에 어른도 견디기 힘든 고생길을 그렇게 마감했다. 어린 동생이 혹독한 전쟁의 피해자로 우리 곁을 떠나게 된 것은 가슴 아픈 일이었다. 젖먹이를 잃은 어머니의 심정은 어떠했을까. 전쟁터로 나간 남편의 생사도 모른 채 자식을 저 세상에 보낸 어머니의 슬픈 마음을 그 때는 헤아리지 못하는 철부지였다.

남은 세 자식과 먹고 살아야 하는 현실이 어머니를 강한 여자로 만들었다. 가지고 간 돈을 축내지 않으려고 대천 장에 가서 건어물을 사다가 이 마을 저 마을로 다니며 팔았다. 장사가 잘 안되었는지 보리밥이 언제부턴가 멀건 시레기죽과 나물죽으로 바뀌었다 서울로 돌아올 때까지 배고픈 생활의 연속이었다. 먹을 식량을 비롯해서 모든 물자도 부족했다. 갈색 갱지를 사다가 잘라 가운데를 실로 꿰맨 걸 공책으로 사용했다. 종이 질이 형편없이 나빠 글을 쓰면 찢어지기 일쑤였다. 그것이라도 넉넉하게 사놓으면 부자가 된 마음이었다.

전쟁의 상흔을 딛고 일어선지 60년이 지난 지금은 물질적으로 풍족하게 살고 있다. 또 겉으로는 평화로운 세상에서 살고 있다. 그러나 여전히 북한의 군사도발이 일어날 때마다 전쟁의 기억, 피난길의 고생은 뇌리에서 사라지지 않는다. 이북에서 가족을 생이별하고 남쪽으로 내려와 평생 부모형제와 처자식을 그리워하다 눈을 감는 분들의 한限을 살아 있는 우리가 어떻게 달랠 수 있을까. 하루 빨리 평화롭게 남북통일이 이루어지는 것일 것이다. 지구상에서 왜 유일하게 한 민족이 서로 적敵으로 남아 있어야 하는지 서글픈 일이다.

짜장면

짜장면은 서민들에게 친근한 음식이다. 어른들은 물론 특히 아이들이 좋아한다. 삶은 국수 위에 흑갈색 소스를 끼얹은 볼품없는 음식이지만 우리 생활 속에 자리 잡고 백 년을 넘게 이어져 내려오고 있다. 짜장면은 1905년대 인천에 살던 화교들이 만든 음식이라고 한다. 그러므로 중국 음식임이 분명하다. 그런데 정작 중국에 가서 짜장면을 구경도 못했다는 어느 여행자의 오래 전 일화도 있었다. 화교들 입맛과 우리 입맛이 맞아떨어져 대중화된 짜장면은 값도 싼 편이어서 한 끼 배고픔을 해결할 수 있는 고마운 음식이다.

누구나 짜장면에 얽힌 추억 하나쯤은 간직하고 있을 것이다. 초등학교 6학년 때 어머니를 따라 시장에 가서 처음으로 짜장면을 먹었다. 피난지에서 돌아와 꽁보리밥만 먹고 살던 가난했던 시절, 밖에서 색다른 음식을 먹는 것은 호사스러운 일이었다. 졸업식 때나 생일 때 부모님이 데리고 가서 탕수육과 짜장면을 사 주시면 선물이 따로 없어도 행복했었다. 그것이 바로 큰 선물이었다. 아이들을 키울 때 주말에 가끔 외식을 하러 중국 음식점으로 갔었다. 요즘처럼 외식산업이 발달하지 않았던 70년대에는 "밥 먹으러 가자"하면 세 녀석들이 짜장면을 먹겠다고 이구동성으로 한 의사를 나타냈다. 입 가장자리에, 턱에 짜장소스를 묻혀가며 즐겁게 먹던 모습이 아련한 기억으로 떠오른다.

남편과 짜장면에 얽힌 일화가 있다. 작년 크리스마스 이브는 금요일이었다. 천주교 신자들은 연달아 3일 동안 미사에 참례해야 했다. 우리 부부도 성탄 전야 미사와 성탄 미사에 나갔다. 그 다음날 주일 미사에 참석하는 것이 의무인데도 남편이 성당에 안 가겠다고 고집을 부렸다. 세례 받은지 일 년이 안 된 터라 주일 미사의 중요함을 잘 모르고 있었다. 간곡히 설명을 해도 TV만 보면서 들은 척도 하지 않았다.

피곤하다는 이유로 집에 있겠다는 남편에게 "점심 때 짜장면 사 줄게" 했더니 "그럼 탕수육도 먹어야지" 하며 자리에서 일어나 옷을 입고 따라 나섰다. 어린애 같은 그 모습은 짜장면 사랑 그 자체였다. 얼마나 짜장면을 좋아하면 주일 미사 참례를 안 하겠다고 버티던 사람이 금방 마음이 바뀌겠는가. 그 날 하느님께서는 짜장면을 먹을 생각에 못 이기는 척 따라 나온 남편을 귀엽게 보셨을 것이다.

내 아이들이 짜장면을 먹게 된 시작은 남편으로부터였다. 그는 또 아버지에 의해서 처음 짜장면을 먹었다. 중학교 다닐 때부터 자취를 하는 남편을 찾아 온 시아버지는 오실 때마다 짜장면을 사 주었다. 한참 자라는 때라 두 그릇을 비웠다고 한다. 그 음식과의 인연이 60여 년이다. 남편에게 짜장면은 단순한 음식이 아니라 추억과 향수를 떠올리게 하는 고향 같은 것이다. 그리고 중국 음식점에 갈 때 즐거워하던 아이들이 불혹의 나이가 된 지금도 가끔씩 짜장면을 먹으러 갈 만큼 어린 시절에 정이 든 음식이기도 하다. 보고 싶을 때 불러내면 언제나 만날 수 있는 친구 같은 존재로 우리 마음속에 자리하고 있다.

1960년에서 70년대까지 정부의 분식 장려운동에 힘입어 우리 음식문화에 뿌리를 내린 짜장면은 어느 통신사의 광고에도 등장한 일이 있었다. '짜장면 시키신 분' 하며 철가방을 들고 한 손으로는 수화기를 귀에 대고 들판을 뛰어가는 남자를 TV 화면에서 한참 볼 수 있었다. 섬에서도 잘 터진다는 것을 강조한 그 광고는 중국 음식점의 매상을 올려 주었음은 자명한 일이다. 주머니가 가벼운 사람들이 배부르게 먹는 짜장면은 사람의 마음을 움직이는 마력까지도 지니고 있는 고마운 음식이 아닐 수 없다.

이광순

왜 떠나는가?
올 여름 이태리 여행 중 나폴리로 가는
배 안에서 푸른 바다를 가르는 하얀
포말을 보며 내게 질문을 했었다
순간 가슴속 매듭 하나가 바람에
거스러미 일어나더니 바닷물 속으로
스르르 풀려 나간다
돌아와 이제는 가슴속 얽힌 사연의
거스러미를 잡아 스르르 시로
풀어보련다

詩

폭우
天門山 가는 길
간이역
쪽파를 까면서
서슬 퍼렇던

약력

시계문학회 회원

01

폭우

오랜 세월 쌓이고 싸인
눈 밑 주름 속까지 스며든 화禍
죽죽 떨어진다
망막에서
마냥 부풀어
출렁이고 있다
굵고 센 힘으로 내려꽂히는 선
이 세월만큼 크기의 비밀
며칠을 그리던 마음 신열로 끓어올라
더 이상 감당할 수 없어

툭 터지는 물꼬
저 밑바닥까지 콸콸 무너져 내린다
뼈 드러나도록 쓸어버리고 남은
질퍽한 가슴속 퇴적물
거름되어 푸른 싹 돋으려면
그때는 언제일까

02

天門山* 가는 길

OZ321 티켓과
낯선 지명들을 소리내어 읽으며
가슴은 여름볕처럼 화끈거린다
일에 놓여난 손톱
핑크빛 매니큐어로 가지런해지면
내 몸 닿은 곳 어디일까?

수천 년 서성이다 돌아온 듯
999계단 숨 고르고 한 디딤 디딤
어느새 한고비 넘긴 세월
시간은 나를 사랑했는데
나는 시간을 유희했을까
내게는 어줍기만한 세상이었다

마지막 계단에 뚫린 하늘, 山. 門
안개와 빛의 연속 선상에서 턱 숨이 멎는다
고요한 광음천光音天이 열린듯 번뜩임
하늘과의 간격은 모자란 한 계단이다
여여如如의 깨달음
가다가 되돌아 보게 되는 길

이미 쓰여진 시간의 답은
바람결에 있었다
손톱 위에서 아세톤으로 지워지고 있는
핑크빛 기억만큼

* 천문산 : 호남성을 대표하는 명산 중 하나. 해발고도가 1519m로 예로부터 지질과 풍광이 독특해 중국인들이 신령스러운 산으로 여겼다.

03

간이역

떠나기만 했지 돌아올 줄 몰랐던
나, 덜컥 서버린 간이역에 내렸다
얼룩만 남아 있는 한때 난장이었을
세월을 기억하고 있는 역
침목 따라 달려가 버린 착란의 시간
돌아본다

그림자 화석으로 남은
애쓰고 살았던 세월의 빗
오직 출렁이는 꿈 붙잡고 살았던 시간이다
가을이 내려앉은 담장 틈에
빨간 장미 한 송이
뜨거운 북새통에 밀려났지만
이제라도 때늦은 기다림 만끽하리라
작은 머리 단단히 치켜들고 있다

문득 벗은 팔에 감기는 한기
이쯤에서 어디로든 가야 한다고
무작정
역수의 깃발이 흔들리기를
기다린다

04

쪽파를 까면서

허투루 묶여 있는 쪽파 한 단 풀어놓는데
흙 묻어난 알싸한 내음
떨치기 힘든 유혹이다
쪽파 한 단에 바쳐야 할 시간과의 분투
첫 뿌리부터 살찌는 혀끝에서
파종된 생각들 고요하게 부풀어 오르는데
나이 든다는 건
두루뭉실하게 내 언어를 잃어버리는 것일까
그저 세상이 느슨해지는 것인지
관계 속에 갇혀 떨어지지 않는
끈적끈적한 기억들

깨끗하게 다듬어진 쪽파
손을 닦아도 남는 손톱 밑 까만 때
사는 동안 가슴에 때를 남긴 일
얼마나 많았을까
쉽게 꺼내어 털어버릴 일도
가라앉아 내 기억 어느 틈새로 숨어 있는 일
있을 텐데

맑게 헹구어진 쪽파
다시 숨죽었던 깃 꼿꼿이 세우는 동안
폭풍 속 내 가슴은 가지런하다

05 **서슬 퍼렇던** – 문학의 집, 서울

하늘에서 연둣빛 햇살 떨어진다
재갈 풀은 말馬 요란한 발굽소리 멈추고
평보로 걷고 있다
한때, 굳게 닫힌 철 대문으로
넘나들던 무수한 소문

안경 너머로 눈빛이 살아 오르던 사회선생님은
소문따라 가더니 한 학기 지난 후에
한쪽 눈 감은 채 돌아오시기도 했다

남산을 팽팽하게 돌아내려오던 바람은
숨 고르고, 미처
들어내지 못한 지난날의 말言들은
한마디 새의 울음으로만 날고 있다

멀리서 봄이 오고 있는 지금 오후 2시
반짝이는 햇살에
푸릇푸릇 돋아나는 말言
바람보다 먼저 일어나 *
말馬 잔등 위에
날개 달 준비를 하고 있다

* 김수영의 「풀」에서 인용

조형자

가을걷이 걱정했는데
어느새 노랑단풍 붉은 단풍
산에 내려와 있다

詩

설악산
동백섬
솔 이야기
거북바위
강

隨筆

천지에 서서
7월의 추억
차와의 만남

약력

시계문학회 회원

01

설악산

굽이굽이 장엄한 설악
골골이 깊은 곳에서 피어오른다
물안개 같은 무서리
서리서리 은쟁반에 옥 구르듯이
회오리 타고 기둥 되어 오른다
돌개바람
겹겹이 쌓여 눈물 되어
떨어진다
온몸으로 말한다
시리다

02

동백섬

섬은 미로였다
기암절벽 가는 길에
얼기설기 엮이어 한 덩어리 동백꽃 숲
거대한 나무들이 즐비하다

요염하게 물든 꽃들이 또렷하게 피어 있어
취하여 걷다 보면
아차 하는 순간
낭떠러지로 향하게 된다

절벽 밑에 하얀 파도
비누 거품을 물고
철썩철썩 올라온다

기암절벽을 만드는 파도의 손놀림이다

03

솔 이야기

나무들
능 쪽으로
고개 숙이고 있다
소나무도 왕의 신하인가보다
바람 공기 태양까지도
봉분 쪽을 향해 읍하는 자세 충성스런 소나무
충직함이다

04

거북바위

산 하나 등에 지고 암자 하나 업고
철썩이는 바다 비늘 입에 물고
애써 미소 짓는 거북 얼굴
바위마다 무늬 만들어
울퉁불퉁 등껍질 드러내고 있다

모로 세워진 통로 지나 오르면
솔바람 솔솔 암자 앞마당
돌아 붉게 물든 동백꽃
흐드러지게 핀 꽃길을 따라
숨 가쁘게 정상에 우뚝 선다

거대한 거북 등 타고 일엽편주 되어 바다 위에 떠 있다
허공과 하나 되어 나르는 것 같아라
거북도 활짝 웃고 훨훨 날아라

05

강

중천에 두둥실
시월 상달이 떠있다
드높이 시린 달빛 흩뿌려
출렁출렁
물 위에 반짝거리는 보석 같은
은비늘

천지에 서서

2001년 여름 장마 중에 백두산 천지를 향한 도전이 시작되었다. 천지, 그 장엄하고 웅장함에 놀라고 변화무쌍한 날씨에 놀랐으며 골이 깊고 아름다움에 더욱 놀랐다. 천지는 해발 2,749m 고지에 깊고 넓은 호수 바닥에서도 뽀글뽀글 물방울을 흐르게 하며 활화산 용암이 흐른 뒤 구멍 숭숭 뚫린 돌들이 잘게 부서진다. 까맣게 검은색으로 만들어 놓은 천지는 각각이 이름 모를 꽃과 새들이 지천으로 널려있다. 가지가지 색깔들 자랑하듯이 여기저기 꽃도 잘도 피어서 사방이 꽃 천지이다.

천지는 하늘을 이고 있는 듯 머리 위에 있어 손을 뻗으면 잡힐 것 같고 만지면 느껴질 것 같다. 신선하고 향기로운 바람 때문에 신선이 사는 것 같다. 몹시 경이로워 숨이 막힐 것 같다. 높은 고지를 뽐내며 천지의 깊이를 가늠 못하게 한다. 비와 먹구름으로 열렸다 닫혔다 심술도 부리며, 운 좋게 보여주다가도 금방 감추기 일쑤인 모습은 근엄하고 심술궂은 장난꾸러기를 닮았다.

불행히도 우리 일행이 천문봉에 갔을 때, 먹구름과 바람이 휩싸여서 내려다 볼 수 없었다. 무서운 기세로 휘몰아치는 모습이 괴이하리만큼 두려웠다. 그러나 천지의 모습이 보일락 말락 하여 안타깝게 하더니 금세 파란 하늘과 구름이 호수에 두둥실 떠있어 참으로 아름답고 숨넘어가게 하는 고운 빛으로 수를 놓았다. 이러한 광경은 거기에 있는 사람들의 모습을 회오리 비바람을 맞아 더욱 초라하게 만들었다. 맑게 갠 태양의 찬란함이란 참으로 눈이 부시다.

천지는 폭포마다 전설이 있고 봉우리마다 이야기가 있어 더욱 신비롭다. 사방을 둘러보아도 포근히 감싸는 넉넉함이 전해져 온다. 그래서 그 많은 동식물들이 곱디곱게도 잘도 어우러져 숨쉬는 모습들이다. 신기한 큰 동산에 와 있는 것 같다. 산 위에서 바라보는 모습은 눈이 닿는 데마다 절경이요 비경이다. 산 아래로 내려갈수록 무섭게 쏟아지는 폭포와 계곡의 큰 물줄기가 거세게 사방으로 흩어지는 모습은 비경이다. 뜨겁게 솟아오르는 온천수에서는 계란도 금방 익는다는 이야기를 전해 들었다.

장군봉은 북한과 중국 모두를 통틀어 제일 높은 봉우리를 자랑하지만 애석하게도 흐르는 폭포가 없어 안타까웠다. 또한 백두산의 중국 지역에는 여러 폭포가 흐르나 북한 지역에는 폭포가 한 곳도 없다는 안내원의 말이 실감 나지 않고 더욱 안타까웠다. 이것 때문이라도 훗날 북한 지역을 필히 가봐야겠다.

또한 하얀 겨울 설원 속 1월 1일에 제일 먼저 거대한 호수 속에서 태양이 불끈 솟는 것을 한번 보고 싶고 만나고 싶다. 꼭 다시 찾아 가리라 마음을 먹는다. 엄청난 기가 흐르는 명산과 영산에서 온몸으로 그 기를 흠뻑 받으며 앉아 있고 싶다. 꼭 장엄하고 웅장한 그 곳으로 가리라.

7월의 추억

긴 장마가 걷히고 나면 뜨거운 태양 볕이 작열하였다. 연례행사가 시작되었다. 마당에 여러 개의 덕석부터 말린 후 장롱에서 꺼내온 비단이 대청마루 한 칸에 가득 쌓였다. 필필이 감아 말린 자락 끝을 잡고 길게 펼쳐 널기 시작하였다. 고루 볕을 쪼이도록 펼쳐 놓은 형형색색의 빛깔들이 눈이 부시도록 뜨거운 태양과 만나게 된다. 땀 흘린 몸을 차가운 마루에 앉혀놓고 마당 가득한 햇볕 바라보면 파도가 일렁이는 것처럼 색색의 영롱함이었다.

아버지는 고모의 부추김으로 큰아들 장가보낼 때 쓰라고 비단을 많이도 사 모으셨다. 이불 몇 채와 한복감이며, 눈처럼 하얀 호청까지 말리고 나면 뜨거운 하루가 갔다. 비단은 좀 먹지 않고 안전하게 보관하였지만 더운 여름날 뙤약볕에 일없이 지키며 빨갛게 익어버린 얼굴과 땀띠가 극성일 때 참으로 그 일이 싫었다. 저녁때 홍시가 된 얼굴을 찬물에 식혀도 금방 물이 미지근해졌으니, 더욱 끈끈하였다. 싫다 말 못하고 따라 할 수 밖에 없었던 시절이었다. 덕분에 깜장 위판에 빨간 깃동 달린 이불 홑청이 어느새 파란색으로 바뀐 비단 이불을 덮을 수가 있었다.

그 시절 유난히 꽃을 좋아하시던 어머니가 심어 놓은 꽃밭은 온갖 정성을 다한 덕분에 철따라 꽃들이 늘 피어 있었다. 'ㄷ' 자 모양의 돌담 옆으로 키가 큰 단감나무, 밑에는 색깔이 변하는 머리보다 큰 수국, 넝쿨장미가 담장 위에 길게 늘어져 피어 있었다. 붉은 달리아와 색색의 그라디오라스도 지천으로 피어 있었다. 'ㄱ' 자로 꺾인 곳에는 배나무가 먼 바다 쪽으로 큰 가지를 펼치고 있었다. 꽃들이 피고 지는 그곳에 비단까지 펼쳐 놓아 땡볕인데도 바다 위에 보석이 놓인 것 같은 착각에 사로잡혔다.

그 뜨겁던 여름 낮이 지나 저녁때가 되면 덕석을 다 걷고 세워 놓았던 넓은 평상이 마당을 차지하였다. 모깃불을 놓고 나면 낮에 뜨겁게 일하였다고 아버지가 닭을 삶아 놓아 온 식구가 둘러 앉아 맛있게 먹었다. 홍시처럼 익어버린 얼굴도, 어느새 힘들었던 일들도 까맣게 잊어버렸다. 배불리 먹고 시원한 여름밤 평상에 누워서 하늘을 보았다. 캄캄한 밤하늘에 무수히 뜬 별천지, 오리온 자리, 카시오페아 자리, 북두칠성 자리의 별을 헤아리다 어느새 무지개 꿈속으로 잠이 들곤 했다. 집이 산중턱에 있기에 아무리 더운 여름밤이라도 새벽녘에 한기가 으스스 해 일어나보면 샛별이 초롱초롱 반짝이고 있었다.

위채와 아래채를 겹으로 둔 집 정경이며 한 켠에 텃밭이고 가운데에는 장독대가 사각으로 있었다. 된장, 간장 등 아름드리 큰 항아리들이 출구를 빼놓고 빼곡히 들어 찬 모양이며 넓은 마당 한 켠에 펌프 샘이 있었다. 바위를 뚫고 나오는 샘물은 뜨거운 여름 날씨지만 이가 시릴 정도로 차가웠다. 물이 콸콸 쏟아지는 맑은 샘. 건수 없이 한 바가지 물만 넣어 주면 늘 철철 넘치던 샘. 땀과 범벅이 되었어도 물 한 동이 맞고 나면 시원했던 여름날들이었다. 다른 집들과 달리 쓰기 편하게 집을 잘 고치신 아버지는 솜씨 좋고 당당하시며 재주가 많으신 분이었다.

지금은 뜨거운 태양의 달 칠월을 맞이하였건만 그 많던 비단과 만남의 광경은 기억 저편에서만 점점이 그리움 되어 가슴속에 아련히 남아 있는 정경들이다. 그때가 그립고 부지런하신 아버지도, 학처럼 깨끗하고 키가 큰 어머니도 눈물 나게 보고 싶다. 오래된 옛이야기지만 뜨거운 태양의 달은 연년이 돌아온다.

차와의 만남

30여 년 전 우연한 기회에 녹차를 알게 되었다. 그 당시 아이들은 어리고 부양해야 할 식구는 많았기에 2~3시간 밖에 잠을 못 자고 뛰어 다닐 때였다. 조용한 다도회가 있던 날이었다. 팽주를 해보라는 제의에 무심코 집어든 다관의 고요함에 눌려 가늘게 손이 떨리었다. 그 후론 향다회에도 열심히 따라 다녔다. 유구가 쓴 동다송을 공부하며, 이론과 실기를 병행하였다. 그때 당시 사회의 각양각색 회원들 30여명이 서로 인연을 맺어 함께한 시간들이 지금껏 큰 보람이다.

차를 덖는 일은 손이 많이 가고 힘이 드는 과정들이다. 4월이 오면 일일이 수작업으로 첫 순 잎을 딴다. 최고급이 '우전차' 이고, 다음 여린 잎 가루가 '말차' 이다. 긴 겨울을 이긴 인고의 오묘함을 지닌 오감의 진수였다. 말차와 다완이 한 몸 된 파리한 거품을 입안 가득히 머금고 있노라면 차향에 온 마음을 다 빼앗긴다. 연이어 새작과 중작, 잎하, 엽차로 분류되고, 수작업으로만 한 덖음차와 증기로 쪄내는 증차는 그 맛들이 다 달랐다. 여린 잎에서 센 잎으로 변하여 가는 다양한 수확들이었다. '새' 의 혀처럼 돋아 나오면 작설차, 설록차 등은 모양에 따라 붙여졌다.

그때는 산으로 들로 날세워가며 피곤도 모르고 많은 것을 배우고 익히려 반짝반짝한 눈망울을 굴리며 열 올렸다. 아침 이슬 걷히기가 무섭게 차를 따 보았다. 큰 가마솥에 불 조정을 잘하여 타지 않게 덖는 작업과 덕석에서 손에 힘의 강약을 맞춰 비벼야 좋은 차를 수확할 수 있었다.

차도 자라는 토양에 따라 맛도 향도 독특하였다. 산허리를 감고 도는 드넓게 펼쳐진 산 구릉 자갈밭에 해풍을 많이 받고 빗물이 잘 스미도록 조성되어야 한다. 계단식 차밭들이 바람과 햇볕들과 어우러져 하나가 되었을 때 빛깔도 곱고 향 또한 일품이다.

'카데킨' 성분을 가지고 있는 녹차는 떫은 맛이 다양하여 독성을 해독한다. 잘 빚은 하얀 찻잔에 노릿한 빛깔로 우러난 차 정좌하고 앉아 손바닥에 찻잔을 올려놓고 손 모아 그 따스함을 만끽한다. 눈 감고 입술 사이로 차 한 모금을 밀어 넣어 머금고 향을 음미한다. 온기가 손바닥을 통하여 입안 가득히 퍼진다. 녹차향은 온몸을 돌아 아랫배의 단전에 모여 각각이 서로 만나 하나의 어울림이 된다.

녹차의 첫 번째 잔은 비타민이고, 두 번째 잔은 소화 효소제이며, 세 번째 잔은 인뇨작용이라 하루 이상 정제한 물을 100℃ 이상 끓여 식힌 후 70℃ 정도의 고요한 물을 부어가며 세 번 이상 차를 우려먹는다. 남은 찻잎은 조선간장, 참기름과 함께 통깨를 뿌려 양념하면 최고급 나물이 된다. 밥과 비벼 먹으면 나물은 더할 나위 없이 입안을 개운하게 하는 신선한 맛이다. 우려먹은 찻잎을 잘 말려 베갯속에 넣으면 머리가 맑아진다고 한다.

30여 년 전부터 요즘까지 하루도 빠지지 않고 우리 집 식탁의 지킴이로 활용되는 차는 기름진 음식에 늘 사용한다. 특히 민물장어구이 위에 뿌려 먹으면 생선의 비릿함을 거두는 독특한 장어구이가 된다. 매일 아침 먹는 달걀 프라이에도 보통 이상으로 녹차를 사용한다. 가족 모두가 아직까지 성인병이 없는 것이 녹차가 일조하지 않나 싶다. 요즘 다양한 음식 속에 자리를 차지한 녹차의 유명세는 앞으로 더욱 더 확산되리라 믿는다.

'세월 따라 맛 따라' 처럼 변해가는 입맛 속에, 대량으로 생산하는 곳은 대부분 증차가 생산된다고 한다. 그 옛날 땀 떨어질까 수건을 머리에 동여매고 토방과 덕석을 오가며 정성스럽게 만들던 덖음차와의 만남은 오래전 전설과 같은 이야기일까? 아마 지금도 찾아보면 귀한 덖음차와의 만남이 있을 것 같다. 내년 봄 5월에 열리는 다향제의 차 문화 행사에 참가하면, 그 옛날 그리운 얼굴들을 볼 수 있을까? 녹차를 사랑하는 지고지순한 마음들을 갖고 있어 꼭 만날 수 있으리라 믿는다.

최완순

상념이 있어
한번 행복하고
또 한번 행복하고
글은 연속의 행복을 안겨준다

詩

얼굴 한 번 내민 적 없는 너
소금 꽃

隨筆

닮아 가고 싶은 사람의 향기

약력

「문파문학」 신인상 수필부문 등단, 문파문학회 회원, 시계문학회 회원
저서 : 공저 「그랬으면 좋겠다」

01 얼굴 한 번 내민 적 없는 너 – 분신

백지 접어 시상 옮겨 놓고
얼굴 한 번 내민 적 없는 너

씨줄과 날줄 꼬아
베틀로 꾸민
풍류의 궁전으로
긴 세월 아미 속 감추어졌던 너

자각의 바늘에 찔려
그리움 되어 매달린 행과 연
수정처럼 떨어져
부활의 꽃으로 피어난다

열정으로 빚은 사리舍利꽃
심장의 촉수를 흔드는 지문至文냄새

고인돌
파란이끼 검버섯 밀어내고
돋아난 생명
무덤 앞에서

네가
밖으로 뛰어나와
발가벗고 웃는다

02

소금 꽃

기다림, 군침 삼키면
목젖 속 숨어드는 마른 기침
숨소리 잦아드는 봄밤에
미끄러지듯 흐르는 달빛

물레방아 개울에서 목욕하는 여인
달빛 내려와 박꽃 품에 앉는 밤
인연의 덫에 허리 휘감긴 붉은 꽃나비

옷 벗는 여인의 손 끝 떨림은
온 몸엔 돋아난 하얀 소금 꽃은
물 젖은 여인의 속살 떨리는 고통

닮아 가고 싶은 사람의 향기

아름답다는 것은 지고 지순한 삶에 얼이 보는 사람의 마음에 화살처럼 박히는 것이다. 조용히 웃는 미소에도 고개가 숙여지는 존경심이다. 한 여인을 보았다. 수선화같이 수려한 여인의 미소가 수줍어 보이는 것은 겸손함과 선한 모습 때문이다. 그 모습이 좋아서 나는 이 글을 쓴다. 단아한 모습은 한복을 곱게 차려입은 창살에 담긴 여인의 곧은 그림자와도 같고, 고고하고 우수에 잠긴 음성은 가슴을 설레이게 하는 소녀의 시상 같아 첫사랑의 프로포즈를 하듯 뛰노는 가슴을 토닥이게 한다. 세월의 흔적을 모자 깊숙이 가리우고 무엇이 그토록 그 여인을 아름답고 존경심을 자아내게 만드는지 숙연해지는 마음을 알 수 없다.

글은 글을 쓰는 사람의 마음이라고 알고 있다. 지면 위에 보석처럼 써 내려간 그녀의 문장들을 보면서 그 여인의 다듬어진 인격과 성품을 발견한다. 세상을 어떻게 그처럼 아름답고 긍정적으로 보고 집필을 하는지 여인이 머물고 있는 창가에 햇살이 되여 들여다보고 싶다. 여인의 책갈피 속에 사물은 모두가 꿈이요 아픔이요 정이다. 정교하게 세공된 단어들은 보석같은 빛을 발산하고, 풀잎에 매달린 아침이슬처럼 신선하고, 맑은 여인의 생각 속에 영혼을 맡기고 싶다.

많은 사람이 내 곁을 지나갔고 나와 함께 어우러져 살아가는 사람들이 있다. 내가 이루지 못한 일들을 당당히 해내고 나보다 앞서가는 생활을 하는 사람들이 많다. 그들의 생활이 보람되고 존경받는 생활이라도 내 삶보다는 소중하지 못한 것은 누구나 경험한다. 누구를 부러워하고 그들의 삶을 쫓아 한다고 해도 그것은 채울 수 없는 욕구의 빈 잔일 뿐이다. 진정한 생활의 기쁨은 모방의 삶이 아니라 어우러져 사는 사람과의 관계에서 존경할만한 사람을 만나는 일이다. 이러한 생활 속에서 존경을 한다는 것은 닮아 가고 싶은 생각이 솟구치는 열정이다. 작은 체구에 세월을 거역하지 않고 아름답게 받아들인 여인의 밝은 미소 속에 나는 존경이라는 단어를 처음으로 실감한다.

창작반에 들어서는 순간 미지의 세계가 표정없이 반긴다. 얼마나 오랫동안 꿈꾸던 문학에 대한 꿈에 외출이다. 낯설은 공간을 따뜻한 시선 하나를 붙들고 여인의 입술을 응시한다. 불안한 마음을 붙잡을 달콤한 말이 쏟아져 나오기를 기대하며 앉아 있다. 웃음이 입가에 흐르고 한 사람 한 사람 눈으로 어루만지는 따뜻함은 내가 처음으로 보는 순수함이었다.

작품을 감상하고 작품에 대한 평가를 할 때 예리한 지적은 뒤돌아서 생각하면 어떻게 한 순간에 꿰뚫어 볼 수 있을까 또 한 번의 존경심이 생긴다. 그것은 연륜의 흐름 속에 닦아 온 지성이다. 상대를 편하게 하는 따뜻함도 잊지 않고 몸 속에 배여있다. 누가 울면 함께 울어 줄 감성이 여인의 눈 속에 자리잡고 아프면 고개 떨구고 잊으려고 애쓰는 초연함이 보여진다. 내가 닮아 가고 싶은 삶에 흔적이 이곳에서 여인을 보는 경이로움에 있다.

생활의 일부에서 “존경해요” 라는 말을 많이 하고 살았다. 내가 상대를 인정하는 것이 상대방과의 만남의 성숙한 태도라고 생각했기 때문이다. 대학선배와의 관계가 그렇다. 오랜 시간을 서로가 좋은 관계로 지금까지 지내 왔다. 선배의 분명한 태도와 완벽하도록 실수 없는 행동에 존경심을 표하기도 했다. 그 앞에서 부족한 모습 보이지 않으려고 예의 바르고 교양있는 행동을 하려고 노력했다. 그래서인지 지금까지 우리는 선후배 관계를 떠나 자매처럼 대하고 나는 선배를 존경한다고 말하고 있다.

감정의 흐름대로 살아온 지금 느끼는 것은 존경에 대한 의미를 잘 몰랐었다. 닮고 싶은 것이 어떤 형태의 모습인지 분명한 정의가 없었다. 상대의 행동이 똑똑하면 부럽고 칭찬받을 일이 있으면 존경한다고 말했다. 진정으로 아름다운 여인 앞에 희망을 앉고 서있다. 그 모습을 닮고 싶은 마음 때문이다. 지평선 위에 놓여진 존경의 잣대가 포물선을 그리며 인식을 바꾼다. 수선화같이 겸허한 여인을 만남으로 내적 아름다움에서 감성이 만든 존경심이 진정한 존경심이라는 자각에 잠기게 된다.

생각의 깊이가 깊을수록 지성을 지니고 겸허한 행동은 보는 사람으로부터 존경심을 우러나게 한다. 그녀의 수필집 속에는 영혼이 담겨져 있는 자연의 숨쉬는 생명의 존귀함이 있다. 아름다운 마음의 소리를 정교하게 다듬고 사물을 고찰하는 이성의 눈이 있다. 하여 책을 읽는 이로부터 경이로움과 존경심을 울어 나게 한다. 그녀의 수필 속에서 그녀는 말한다. "시멘트 틈 사이 비집고 돋아난 작은 풀 한 포기를 생각한다." –중간생략– "세루에 오염되지 않고 청정함 그대로 다소곳이 서있는 모습이 정의롭다. 시멘트 틈 사이 홀로 쓸쓸하기 짝이 없으나 군건히 견디어 내는 의지를 사랑하지 않을 수 없다." 이렇듯이 그녀는 시멘트 담 벽 틈새를 비집고 나온 10㎝밖에 되지 않는 풀한 포기에게도 생명의 고귀함과 희망을 담는다. 작은 사물도 지나치지 않고 찬미하며 사랑하는 진솔한 마음이 숨겨져 있어 그녀의 글은 아름답다. 그녀의 수필 「침입자」 속에서는 "오래 사라지지 않는 사람의 향기라도 지니고 있었으면 좋겠다" 라는 바람을 적고 있다. 그녀를 보면서 진정한 사람의 향기를 머물고 가는 자리마다 남기고 있다고 존경한다고 말하고 싶다.

감정이 어느 한 곳에 머물고 있는 것이 아니다. 눈 속에 보여지는 상대의 모습에 따라 감정은 흐른다. 작은 곳에서 꽃처럼 아름답게 일상을 살아가는 사람들 속에서 존경심을 찾는 눈을 가지고 있어야 한다. 몰랐던 새로운 존경심에 대한 인식의 가치관이 지고지순한 여인을 보며 닮고 싶다는 간절한 소망이 생겨난다. 내가 지금까지 살면서 한 번도 느끼지 못한 아름다운 사람의 향기와 이런 것이 존경심이라는 의식을 갖게 만드는 여인을 만난 것이다. 늙어 가는 뒤안길에서 좋은 분을 만나게 된 것을 신께 감사 드린다.

박명규

일상의 굴레 벗고
잠시, 삶의 여백을 채우는 사람들
길 하나 저편
치열한 생존의 몸부림
산다는 것은
어느 하나 가벼이 할 수 없음을

詩

약력

시계문학회 회원, 저서 : 공저「그랬으면 좋겠다」

01

고희古稀

검푸른 동해 열린
칠보산 자락
봄이면 온통 진달래 복사꽃
가을이면 황금들녘 넘실대는 곳
지금도 가슴이 뛴다

푸르른 대농大農의 꿈으로
보리고갯길 허리 조르며
도란도란 머리 맞댄 금슬이
삼 남매 반듯하게 키워내며
부농의 꿈 우뚝 세운 그대
天下之大本 버팀목이었다

눈 바람처럼 매운 이 세상
무엇이 우리 삶을 따뜻하게 하는가

저녁노을 소슬바람 서성이는 날
얼굴 맞대면 웃음터지는
흙빛보다 진한, 사람내음 구수한 친구
"꼭 놀러 온네이" 그 한마디

맘 뜨겁게 뜨겁게
오래 오-래 들을 수 있기를
언제나 아랫목처럼 따뜻한 그대여

02

산다는 것

흐린 눈동자
빛바랜 창호지처럼 핏기 없는 친구 모습
뼛속까지 파고들어
수술조차 할 수 없는
말기암

가슴 움켜지고
함께했던 회색 친구들
재색불빛 깔린 단란주점에서
흘러간 고향 노래
목 터져라 불러댔다

둥지 떠나 맨손으로
동토 서울에 발 딛고
허리 휘도록
저마다 살아가고 있다지만

산다는 것
사람으로 산다는 것

제대로 산다는 것
그리도
어려운 일일까

03

내가 없으면

고희를 바라보던 그
자기가 없으면 안된다며
언제나 석양의 붉은 눈으로
일이 바빠 늦었노라 헐레벌떡
나타나던 그가
인적 없는 산자락, 여기
초록이불 덮어쓰고 말이 없다
그 멋진 너털웃음 소리도 이제 들리지 않는다

더듬 더듬 추모시
읊고 있는 친구 목소리에
돌판 위 술잔이 떨고 있다
셋이서 떠들며 마주치던 술잔이
어느새 둘이 되어 조용하고
부딪칠 수 없는
한잔 술은 봉분에 뿌려진다

그 때
그 일

지금은-
유월의 풀바람도 쏟아 내리는 햇살도
여늬때 처럼 같은 결로 흐르고 있다

04 샤이니 사랑해

세계 문화예술의 심장, 파리
용광로처럼 달아오른 한류팬들
드골공항이 북새통이다
태극기도 플랜카드도 양손 들고 아우성이다
내일을 기다리는 것이 너무 힘들다며
10대 소녀도 60대 노인도 뒤엉켜 소리 친다
샤이니의 '링딩동' 소녀시대 '지지지'
공항의 세레나데

꿈에서나 본 듯
종달새 높이 오르고
한반도가 온통
장미꽃 들판이다

오랜만에
참으로 오랜만에
유월의 영령들 지구촌
하늘 누비며
한바탕 춤사위 벌리고 있다
"샤이니 사랑해"

05

브라이언트 파크*의 오후

사파이어 빛 하늘 열고
내려앉은 초록 잔디
일상의 굴레 벗고
잠시
삶의 여백을 채우는 사람들

책을 읽는 사람
한가로이 노니는 사람
백인도 흑인도
비둘기도 참새도
초가을 햇살이고 평화롭다

길 하나 저편
치열한 생존의 몸부림
때로 숨가쁜 팽팽함도 느슨함도
어느 하나 가벼이 할 수 없음을
산다는 것은

*브라이언트 파크 : 도서관과 함께 있는 맨하탄의 도심공원

김인수

글쓰기는 방 청소하는 것과 닮았다
매일 매일 하지 않으면 하기 힘들다
청소하는 것을 싫어했는데 마음
방 청소를 게을리 하면 안 될 것 같다
글쓰기는 선택이 아니고 필수다

隨筆

약력

시계문학회 회원, 저서 : 공저「그랬으면 좋겠다」

덮어쓰기

'덮어쓰기' 는 컴퓨터에 저장했던 글을 다시 수정하여 저장할 때 쓰는 용어다. 글쓰는 재주가 없는데도 이런저런 생각을 자주 적을 수 있는 것은, 쉽게 내용을 고칠 수 있는 컴퓨터 덕분이다. 한 번 썼던 것을 다시 읽어보면 유치하고, 창피하고 부끄럽다. 그래서 몇 번씩 말을 바꾸어 보고, 다른 말을 더 넣기도 하고, 썼던 것을 빼기도 한다. 그때마다 컴퓨터는 잘 도와준다. 특히 '덮어쓰기' 기능은, 한 번 썼던 내용에 수정한 부분을 덮어씌워 저장한다. 저장 할 때마다 수정한 것으로 덮어쓰는 것은 당연한 일이다. 참으로 똑똑한 기능이다. 그런데 덮어쓴다는 말이 모니터에 뜨면 막연한 거부감이 있다. 덮어쓰는 기능은 좋지만 그 말은 싫다. 컴퓨터 기능 외에 다른 곳에서 덮어쓰듯이 일이 처리된다면 불공평하고 억울한 일이 생길 수도 있다.

벌써 50여 년이 지난 일인데도 잊혀지지 않는 일이 있다. 중학교에 입학해서 새로운 생활이 시작 될 때였다. 초등학교와 다른 것이 많았지만 그중에 '가정' 이라는 교과목이 있다. 가정 선생님은 교과 내용뿐만이 아니라 전반적인 여학생의 용모나 교복 등을 훈육하였다. 특히 사춘기 여자 아이에게 필요한 것들을 꼼꼼하게 지도했다. 그런데 나는 사춘기가 좀 늦게 왔는지 가정시간이 제일 재미없었다. 물론 그때나 지금이나 솜씨가 없는 편이라 가정시간에 만드는 수예품 역시 늘 형편없는 점수를 받았다. 그렇지만 빼먹지 않고 성실하게 작품을 만들었다. 그런데, 왠일인지 분명 제시간에 제출한 수예품 하나를 선생님은 제출하지 않았다고 점수를 주지 않았다. 아마 선생님이 분실하신 것 같다. 내 딴에는 고생하며 만든 것이었다. 속이 상했다. 점수도 못 받고, 선생님과 친구들에게는 불성실한 아이로 인식됐을 것이다. 분명 선생님 실수로 분실된 것인데, 내 잘못으로 덮어졌다. 제출한 증거가 없으니 어쩔 수가 없었다. 중학교 다니는 동안 가정 시간은 더욱 재미가 없었다. 지금도 그때 생각하면 좀 억울하다.

제대로 밝히고 싶은 일이 또 있다. 고등학교 2학년 때였다. 담인 선생님은 미혼이셨고 세계사를 담당하고 계셨다. 그런데 가정시간에 '십장생' 병풍 여덟 폭을 한 학기 동안 수놓는 것이었다. 마침 결혼 준비를 하고 계신 담임 선생님이 부탁을 하셨다. 이번 학기 가정시간에 수놓는 병풍은 당신 것으로 해달라는 말씀을 하셨다. 물론 재료는 선생님이 사주시고, 점수가 나온 뒤에 달라고 하셨다. 선생님은 내가 수를 잘 놓을 줄 아셨나 보다. 반 아이들 중에 나에게 특별히 부탁을 하셨으리라 짐작 한다. 그런데 너무나 터무니없는 선택이었다. 수놓는 일을 싫어하고 솜씨가 없기로 왠만한 주변 인물들은 다 안다. 그런데 어떻게 8폭 짜리 병풍 수 놓는 일을 내게 부탁하실 수가 있었을까? 참 걱정스러웠다. 고민하다가 솜씨 좋은 친구들에게 한 쪽씩 수를 더 놓아 달라고 부탁을 하였다. 물론 선생님이 친구들에게 부탁한 것처럼 둘러댔다. 고등학교 이 학년은 모두가 바쁜 시기이니 불평이 대단했지만, 어쩔 수 없이 친구들은 수를 더 놓았다. 선생님은 기뻐하셨다. 선생님은 내가 다 한 줄 아신다. 아마 지금도 선생님은 나를 차분하고 수를 잘 놓는 아이로 기억하고 계실지 모르겠다. 내가 해야 할 일을 친구들에게 덮어씌우고, 나는 당치도 않은 칭찬을 받았다. 늘 미안한 마음이 마음 한 켠에 남아 있다. 겉에 드러난 작은 부분으로 쉽게 속단하는 일은 맞지 않다.

나이가 오십 중반을 넘었을 때였다. 우연한 기회에 초등학교에서 방과 후 독서지도를 한 적이 있다. 사교육 대신에 학교에서 사설학원처럼 특기 수업을 하는 것이다. 그 중에 한 과목을 맡았었다. 김택윤은 우리 반의 문제아였다. 수업시간에 지우개를 던지고 아이들 연필을 빼앗고, 책상 위에 올라가 앞뒤로 건너뛰며 난장판을 만들었다. 여기저기서 아이들의 비명이 터질 때는 꼭 택윤이가 중심에 있었다. 초등학교 2학년이 어찌나 힘이 센지 저보다 위의 학년 형들도 택윤이를 두려워했다. 그런데 말썽피우는 것에 비하면 글씨를 힘있게 잘 썼다. 목소리도 커서, 책을 낭독시키면 다른 아이들이 집중을 했다. 그때마다 칭찬을 해줬다. 글씨가 힘이 있다든지, 책을 잘 읽는다고 진심으로 감동을 했다.

택윤이는 겉으로 드러나는 거친 행동이 그 아이의 전부는 아니었다. 수줍고 여린 마음이 거친 행동에 덮여 보이지 않았던 것이다. 속에 숨겨진 마음을 알아주고 격려해주니 차츰 거친 행동은 줄어들었다. 드러난 아이의 행동만 보고 문제아로 덮어씌워 내치는 일은 하지 않아야겠다는 생각을 했다. 택윤이는 점점 수업시간에 집중하고 태도가 좋아졌다. 택윤이가 협조를 하니 수업은 공포가 아니고 즐거운 시간이었다. 무사히 한 학기를 끝냈다. 그런데 다음 학기에 보니 택윤이는 반장으로 뽑혔다. 그리고 산수 경시대회에 나간다고 옆에 아이가 귀뜸을 해줬다. 아이들이 다 같지는 않다. 특히 에너지가 넘치는 아이도 있다. 감당하기 힘들다고 무조건 비난하고 억누르는 일은 오히려 폭력이라고 본다. 힘의 조절이 서투른 아이를 무조건 내쳤으면 그 아이는 무척 슬프고 그리고 더 크게 잘못될 수도 있었을 것이다.

어느 때는 안개가 끼는 날씨가 있다. 구름도 아니고 연기도 아니면서 온 세상을 잿빛으로 물들인다. 그런 날은 앞도 보이지 않고 모두 장님이 되어버린다. 아무 것도 구별할 수가 없다. 태양이 떠오를 때까지는 갇혀있어야 한다. 햇볕이 비치고, 안개가 걷히면 길가에 풀도 보이고 나무도 보인다. 집이랑 아이들이랑 강아지 나비 등 세상에는 참 많은 것들이 있는 것을 알 수 있다. 작은 것도 있고, 큰 것도 있고 여린 것, 강한 것 모두 다 함께 있다. 안개처럼 하나의 색깔로 세상을 덮어씌우는 일은 위험한 일이다. 내 생각이나 판단으로 다른 사람까지 덮어씌우는 일도 위험한 일이다. 그렇지만 컴퓨터 글쓰기의 덮어쓰기는 참 편리하다.

물을 보면서 –물 구경하기

하루 일과의 대부분을 물을 소비하며 보낸다. 손 닦고, 발 닦고 세수하고, 변기에 물 내리고, 그릇 닦고, 빨래하고, 맑은 물을 더럽히는 게 일과다. 요 며칠은 봄에 입던 옷을 미처 세탁하지 못한 것들이 눈에 띄어, 손빨래를 하였다. 욕조에 따뜻한 물을 받아 우선 목욕부터 하고 나머지 물로는 빨래를 했다. 가루비누 거품이 풍선처럼 부풀어 옷은 보이지 않고, 거품만 가득하다. 물을 믿는다. 저 많은 거품을 물로 씻어버릴 작정이다. 수도꼭지에서 흐르는 물줄기는 맑고 투명하다. 그리고 잘 스며든다. 비누 거품도, 오물도 물이 씻어준다. 욕조에 가득 넘치던 물이 거품과 함께 흘러갔다. 물은 오염되고 빨래는 정화된다. 빨래하고 목욕하고, 몸이 가볍다. 마음도 상쾌하다. 거듭난 기분이다. 하루에도 몇 번씩 거듭난다. 설거지 하면서, 빨래하면서 세수 하면서 씻어내고 닦아내면서 물속에서 거듭난다.

장마가 시작 되었다. 아침부터 비가 내린다. 바람도 불어 우산을 써도 옷이 젖을 것 같다. 올해 초등학교에 들어간 어린 손녀 등교 길이 염려 된다. 비 맞으면 감기 들까 봐 걱정이다. 그런데 정작 천방지축 개구쟁이 손녀는 빨간 비옷이랑 장화를 꺼내놓고, 빨리 학교 가겠다고 설친다. 아이들은 비가 오면 기분이 들뜨나 보다. 아이들 뿐만이 아니라 마당에서 풀어놓고 기르는 강아지도 비가 오면 공연히 뛰어다니며 좋아한다. 무성한 나무들은 물론이고, 온 세상이 물 세례를 받는 일은 선물이다. 축제다. 먼지 풀풀 나는 길가를 청소차가 물을 싣고, 뿌리며 다니는 수고를 하늘에서 도와주는 대청소다. 나도 비를 맞고 싶다. 내리는 비를 흠뻑 맞으면 알게 모르게 쌓이는 세상살이의 때도 말끔히 닦일 것 같은 기분이 든다. 나무는 좋겠다. 꼭대기에서 뿌리까지 듬뿍 비를 맞으면 오죽이나 깨끗해질까? 그러니 무럭무럭 자라고, 열매도 맺고, 추운 겨울 동상도 걸리지 않고 다시 사나 보다. 어린 손녀가 빗속에서 첨벙거려도 말리지 않겠다. 아이들도 나무처럼 가끔 비를 맞는 것도 좋겠다.

운이 좋게, 물이 불어나 넘실대며 흐르는 강물을 구경한 적이 있다. 누런 황토가 섞인 강물은 산모퉁이를 굽이치며 흘러갔다. 강변에 길게 펼쳐있던 모래랑 잡풀들이 물속에 잠겨 보이지 않고, 강물이 강둑까지 차올랐다. 수면은 점점 넓어져 마치 누런 카페트가 펼쳐지는 것 같았다. 굵은 빗방울은 강 수면에 수많은 동그라미를 그리며 떨어졌다. 강물 위에 작은 동그라미들은 갓난아기들의 웃음처럼 애교스럽다. 작은 빗방울이 넓은 강에 동그라미를 그리며 강물에 꽂히면, 서로 멋적지 않은 만남이 되겠구나 생각했다. 멋진 일이다. 강둑에 비옷을 입고 앉아 낚시를 드리운 사람 옆에서 강물을 구경하는 것을 청승맞은 일이라고 하면 안 된다. 강물 속에 고기들이 물을 거슬러 올라와 강가 풀 속으로 모여드는 비밀도 있고, 같은 물이라도 다른 모습으로 만날 때는 사람 사이의 인사같은 질서가 지켜지고 있는 것도 보았다. 너무 가까워서 허물없이 대했던 주변 사람들 얼굴이 강물 위에 하나하나 그려진다. 동그란 얼굴들이 하나씩 강물에 떠올랐다. 환한 웃음 얹어서 흘러 보냈다. 아름다운 강원도 산속의 작은 집을 지어놓고, 주천강을 볼 수 있도록 초대해 준 동생 내외 얼굴도 물 위에 그렸다. 동그라미들이 꽃처럼 흘러간다.

비가 그치니 물소리가 더욱 요란하다. 콸, 콸, 콸 산골짜기마다 물이 흘러내린다. 산이 많아서 큰 강도 생기는 것이다. 산에서 내려오는 물은 소리가 크다. 높은 곳에서 떨어지니 골짜기마다 폭포다. 오염되지 않은 맑은 물이 여기저기에 떨어진다. 흩어지는 물방울은 수정처럼 투명하고 깨끗하다. 무작정 떨어지는 물줄기는 바위 위에서 더욱 깨끗하다. 아프게 떨어지고 작게 부서질수록 물은 더 영롱하다. 세상의 온갖 더러움을 걸레처럼 제 몸에 받고서도 다시 새 물이 되는 것은 아프게 부서지는 갸륵함 때문인가 보다. 아래로만 내려앉는 순수함도 그렇다. 그래서 산에서 흐르는 물은 언제나 새 물이다. 산에서 흐르는 물은 손으로 받아서 마셔도 몸이 가뿐해 질 것 같은 기분이 든다. 몸 속으로 흘러들어 쌓인 찌꺼기를 구석구석 깨끗이 씻어 줄 것이다.

물은 공장에서 만들어지는 것이 아니다. 배추나 무처럼 농사를 지어서 수확하는 것도 아니다. 세상 처음부터 있던 물이다. 쓰고 다시 쓰는 것을 되풀이 한, 그 물일 것이다. 할아버지가 마셨고, 할머니가 빨래하며 버렸던 물이다. 아기가 태어나면 아기 옷을 새로 만들 듯이 아기 물을 새로 만들지는 않는다. 몇억 년 전부터 있던 물을 새 것처럼 마시고 목욕하고, 빨래하며 산다. 몇억의 사람과 동물과 식물들이 생명을 유지하는 원천이다. 그런데 물이 망가지지 않고, 다시 새것이 되는 것은 어떤 이치인지 궁금하다. 혹시 죽었다가 다시 살아나셨다는 부활의 이치와 같은 것은 아닐까? 그러니까 물은 죽지 않고 영원하다.

사람은 물을 마시고, 목욕하고, 청소하면서 많은 양을 소비한다. 물과 더불어 산다. 사람의 생명을 유지하는 귀중한 물이 더럽고 썩은 시궁창에도 흘러가는 것은 사실다. 그 물이 새 물이 되는 것도 사실이다. 하필이면 시궁창에까지 넘나드는 물로 생명을 유지하게 하는 것은 무슨 까닭일까? 비밀스런 의미가 있는 것 같다. 물처럼 살라는 뜻이 아닐까? 물처럼 아래로 더럽고 불쾌한 곳으로 낮아지고, 부서지면, 다시 처음처럼 새것이 된다는 은밀한 약속인지도 모르겠다. 세상일 마음대로 되지 않아서 실망한 일도, 가슴을 멍들게 하는 어떤 미움도 더 낮은 곳으로 내려가는 마음이면, 거기에서 새 마음을 만날 수 있을 것이다. 속상한 일이 생기면 물을 한 잔 벌컥벌컥 마시며 물을 찬찬히 들여다 봐야겠다. 물은 썩어도 죽지 않으니까.

춤추기와 글쓰기

성격이 판이한 두 연인을 동시에 만나는 헤픈 여인이 된 심정이다. "새로운 것을 배우기에는 심신이 너무 굳어 힘든 처지가 아닌가? 익숙하게 몸에 밴 늘 하던 일도 중단할 나이인데 어쩌자고 새로운 무엇을 시작하는가" 하며 몇 번 망설이다가 용기를 내었다. '춤추기'는 몸을 건강하게 할 것 같고, '글쓰기'는 마음을 가지런히 다듬어 줄 것 같아서 한꺼번에 두 가지를 배우기 시작했다. 굳을 대로 굳은 심신을 단련시키며, 기분 좋게 진땀을 빼고 있다.

춤을 추는데 기본이 되는 동작이 있다. 기둥 세우는 일이다. 두 발을 모우고 등을 곧게 세우는 일이다. 선생님이 시간마다 강조하는 말씀인데 이 간단한 한 마디도 내 몸으로 받아들이는 것은 참 어렵다. 음악에 맞춰 동작으로 연결되면 기둥 세우는 일은 까맣게 잊어버리고 무조건 손, 발부터 휘젓는다. 한국 무용은 음악이 귀에 익숙하니까 음악이 나오면 흥부터 나고, 흥이 나면 기본基本 동작보다 몸이 먼저 제멋대로 움직인다. 기본이 안 된 춤은 얕은 재미는 있다. 그런데 기본을 익히다 보면 신기하게도 마음까지 가지런해진다. 단전에 힘을 모으고, 몸을 똑바로 하는 것 뿐인데 마음이 차분해지고 몸가짐이 가벼워진다. 이것은 반복되는 연습이 필요하다.

글쓰기도 기본이 중요한 것 같다. 쓰고자 하는 생각을 먼저 세우고, 그 범위 안에서 실마리를 하나씩 풀어나가는 것인 줄 안다. 선생님께서도 전체적인 문장의 '주제'를 정하고, 각 단락에는 연관된

'소주제'를 생각하라고 일러주신다. 그리 어렵지 않을 것 같은데, 막상 쓰고자 하면 여러 가지 생각이 뒤엉켜 서로 나가겠다고, 공갈 협박 회유까지 한다. "이 말은 꼭 써야 해. 이런 일은 멋있어. 그때는 너무 슬펐으니까. 또 이것은 의미가 대단히 크잖아" 마음속에 만萬가지 생각들이 요동을 친다. 멋있게, 특별하게 쓰고 싶다는 욕심이 마음을 흐리게 한다. 그래서 이리 저리 사족蛇足을 붙여, 개도 아니고 소도 아닌 이상한 괴물을 만들어 놓는다. 글쓰기도 쓸데 없는 말을 삼가는 연습이 필요한 것 같다. 오랫동안 몸에 붙은 나쁜 습관을 고치는 것도 꾸준한 훈련이 필요하다.

낮에는 틈틈이 춤 연습을 한다. 방에 커다란 거울을 걸어놓고, 발동작 손동작을 열심히 반복한다. 팔을 쭉 뻗어 시선을 멀리하고, 서서히 무게 중심을 옮기어 중심이 흐뜨러지지 않게 세운 다음, 또다른 동작으로 나아가 본다. 춤을 잘 춰서 유명해지고 싶거나 칭찬을 받고 싶어서는 아니다. 반복되는 연습에서 나만이 느끼는 희열이 있기 때문이다. 다 설명할 수 없지만 몸이 가지런해지고, 마음도 편안해 진다.

밤에는 생각의 실마리를 풀어 글쓰기 연습을 한다. 슬픔 , 기쁨, 보람 등. 마음속에 일어나는 여러 가지 일들을 칸칸이 나누어진 서랍 속에 빨래한 옷들을 개어놓 듯 정리해 본다. 뒤섞이지 않게. 그리고 하찮은 일들은 과감히 버리고, 중요한 것만 모아서 간단하게 모으기를 한다. 아무도 모르는 나만의 작업이다. 이상하게 머릿속을 정리하면 몸이 가벼워지는 느낌이다.

춤추기와 글쓰기는 재미고 보람이다. 남몰래 나를 다듬고 고치고 깨우쳐 주는 선생님이다. 두 선생님은 서로 다른 것 같지만 묘한 공통점이 있다. 둘 다 중심을 먼저 생각하라고 한다. 춤이 몸을 훈련시키는 것인데도 효과는 몸과 마음 모두에게 유익하고, 글쓰기는 마음에서 시작된 훈련이라면, 효과 역시 마음과 몸 모두에게 유익하다. 몸과 마음을 위한 귀한 보약같은 춤추기와 글쓰기다. 몸과 마음이 부실한 나에게 꼭 필요한 약이다.

늦바람이 무섭다는 말이 실감난다. 월요일이 되면 아무리 급한 일이 생겨도 뒤로 미루고 옷 가방에 치마랑 버선 그리고 부채를 들고 춤추러 간다. 마치 몰래 만나던 연인을 당당하게 드러내 놓고 즐기는 기분이다. 그리고 잘 보이고 싶어 한 동작 한 동작에 정성을 들인다. 수요일도 마찬가지다. 가방에 연습한 종이를 잘 접어 넣고, 발걸음 가볍게 집을 나선다. 미처 아무 준비도 못한 날은 괜히 연인에게 소홀한 여인처럼 미안하고 아깝다. 이왕 늦바람이 난 처지이니, 뜨겁지는 못해도, 오래도록 함께 하고 싶다.

만두

이번 설에는 만두를 좀 더 많이 빚으려고 한다. 여럿이 나누어 먹는 음식 중에 만두만큼 좋은 것이 없다. 양이 많으면 많은 대로 넉넉히 먹을 수 있고, 모자라도 그런대로 나누어 먹는 방법이 있다. 집에서 음식을 만드는 일이 점점 힘이 든다. 그리고 만두를 빚는 일은 성가신 일이 많다. 미리 만두피를 만드는 반죽을 만들어 보관하고, 여러 가지 속 재료도 준비해야 한다. 손이 많이 가는 만두를 꼭 집에서 해야 하느냐고, 가족들이 불평을 한다. 그래도 명절에 만두를 빚는 일은 꼭 하고 싶다.

음식을 잘하는 솜씨도 따로 있는 것 같다. 어떤 집은 김치면 김치, 찌개면 찌개, 한가지만 하더라도 정갈하고 맛이 있다. 그런데 그런 재능을 타고나지 못했는지 영 자신이 없고 주눅 들게 하는 것이 음식 만드는 일이다. 그런데 만두를 만드는 일은 열심히 한다. 솜씨 상관없이 남들과 비슷한 맛이 난다. 속에 들어가는 재료들이 이것저것 어우러져 편안한 맛을 나게 해주는 것 같다. 들어가는 재료들이 특별한 것이 아니다. 쉽게 구할 수 있는 김치, 두부, 당면, 숙주나물 모두 순한 재료들이다. 시골 초등학교 아이들처럼 서로 잘 어울린다. 한가지 양이 많아도 좋고, 다른 것이 부족해도 잘 어우러진다. 음식 솜씨가 없어도 만두 만들기를 빼놓지 않는 이유이다.

만두피도 그렇다. 밀가루 반죽이 복잡할 것 같지만 그렇지가 않다. 미리 만들어 두었다가 필요할 때 쓰면, 밀가루와 수분이 고루 잘

섞여 알맞게 된다. 숙성이라는 시간만 주면 알아서 맞춰진다. 생각보다 까다롭지가 않다. 넓게 펴는 일도 조금씩 떼 내어 밀면, 그리 힘이 들지 않는다. 가족들과 분담을 하면 금상첨화錦上添花다. 부엌일이 서툰 가족들에게 모처럼 큰 소리 칠 수 있는 빌미도 된다. 둥그런 밀가루 반죽에 속을 넣고, 오히려 주머니를 만들면 끝이다. 한 울타리에서 살다보면 아웅다웅 미운 일, 속상한 일이 다반사茶飯事지만, 가족이라는 주머니 속에서 진한 정이 만들어지는 것 같다. 만들어진 만두는 찌거나 끓이거나 무엇을 해도 맛이 좋다.

만두를 명절 때마다 빠지지 않고 하는 이유는 또 있다. 구수하고, 편안하고 속 깊은 분, 친정아버지가 생각나기 때문이다. 빠듯한 살림의 한참 힘든 시기의 설날이었다. 빈손으로 세배가기가 민망스러워 생각 끝에 만두를 빚어 들고 갔다. 솜씨가 없어 모양도 볼품이 없고, 맛도 별로 없었다. 명절 날 여러가지 좋은 음식 틈에 초라한 몰골이었다. 그런데 아버지는 맛있다를 연발하시며, 떡국 속에 만두를 잘 드셨다. 그리고 수고했다고 몇 번이나 말씀하셨다. 어려운 살림을 사는 큰 딸이 기 죽을까봐 드러나지 않게 애쓰시는 방법이었다. 건강이 좋지 않으신 데도 만두를 열심히 잡수셨다. 그리고 그 해 봄에 돌아가셨다. 좀 더 좋은 음식을 대접해 드리고 싶었는데, 그냥 가셨다.

이웃에도 내 만두를 좋아하실 분들이 또 있을 것 같다. 요즘처럼 눈이 많이 오는 때에 쉴 틈 없이 눈과 씨름을 하시는 경비실 아저씨들, 아파트 계단 청소를 하는 아주머니. 따끈하게 한 그릇 드시게 하고 싶다. 틀림없이 솜씨 좋다고 말씀하실 것이다. 만두의 맛은 정情인 것 같다. 많이 만들어서 정을 나누어야겠다.

허홍근

고향길 걸어가다
문득
젊은 날의 그리움
남은 열정 바쳐
기쁜 삶으로 수 놓아 보련다

詩

인생 7080
새미물
붉은 장미
더반의 낭보
태풍 무이파

약력

시계문학회 회원, 저서 : 공저 「그랬으면 좋겠다」

01

인생 7080

바닷가 조약돌이 굴러 가듯
어느덧 70년이 굴러 갔구나

존경스런 어머님의 가슴속 태동
신비스런 배움터의 향학
열정스런 일터에 바친 청춘
사랑스런 아내의 따뜻한 눈빛
이 길이 남자의 일생인 것처럼

앞으로 얼마를 살아갈 지 알 수 없지만

재미있는 삶, 베푸는 삶, 늘 새로워지는 삶
이 길이 전부인 것처럼

사랑하는 아들, 딸, 며느리, 사위
수를 셀 수 없는 손자손녀들
오손도손 시끌벅적한 삶
이 길이 오직 미래의 희망인 것처럼

가슴속에 늘 주님을 모시면서

가슴속에 늘 주님을 모시면서
허씨 가문家門의 아브라함이 되어
항상 기뻐하고 쉬지말고 기도하며
범사에 감사하는 삶
이 길이 최상最上인 것처럼

02

새미물

천년을 두고 흘러온 샘물
한라의 숨결이 흐른다
내 고향 사람들의 생명수

물가의 아주망들* 모여 앉아
허벅*과 아이들을 달래며
미래의 희망을 속삭이던 곳

우르르 피어있는 유채꽃 길가
새미물은 지금도 싱싱하다
흘러간 세월은 아랑곳 없이

104세 어머님의 장수를 빌며
새미물 한사발 듬뿍 떠서
정성스레 드리고 싶다

*아주망들 : 제주방언, 아주머니들
*허벅 : 제주방언, 물동이

03

붉은 장미

터질 듯 터질 듯
붉어오는 그 모습
열정으로 희망으로
사랑으로 다가온다

긴-암흑의 터널을
침묵으로 잠재우며
오직
이 순간을 위하여
거무스레 멍들었던 날들

비록
가시는 숨어 있지만
영혼이 담긴듯한 정열의 그 빛
쿵쾅 쿵쾅
나의 가슴을 두드린다

04

더반의 낭보

누군가를 기다리듯
설레이는 마음
하얀밤을 지새우다
평창이라는 두 글자에
눈물이 왈칵

뮌헨 안시와의 숨가쁜 마라톤
63:25:7
두 번의 아쉬움 끝에 세 번째 따낸 열매
전 세계 다섯 번째 그랜드 슬램 깃발
아! 피어나는 대~한민국 평창

반토막 난 반도 한 모퉁이
세계의 젊은이들 함께
함박꽃 같은 흰눈 위를
사르르 미끄러지듯 묘기부리는 향연
나도 한껏 젊어진다

2018년
오랜 가뭄에 시들어 가던 젊은이를
왁자지껄 웃음 속
풍요가 뼛속 깊이 스며들겠다

05

태풍 무이파

무이파는
짐승의 울부짐
거대한 군대의 함성
하늘과 땅이 맞닿는
아비귀환

수백년 고향을 지켜온
팽나무가 찢겨 나가고
농부들이 자식처럼 키워온
과수와 농작물
힘없이 쓰러졌다

태풍이
할키고간 흔적
한숨과 아픔이

뭉개구름이 피어 오르는
맑은 하늘
어제가 옛날이듯
상쾌한 바람이
힘찬 발걸음을 재촉한다

박옥임

내일을 위한 나의 바람
기도가 되어 온 몸으로 꽃을 피운다

詩

약력

시계문학회 회원, 저서 : 공저 「그랬으면 좋겠다」

01

기도

바람이 분다
목청껏 뽑아내던 매미들의 합창
어느 사이 슬그머니 잦아 들고

하늘 향해 뿜어 올리던
너의 열정이 내 안으로 내 안으로 스며든다

내일을 위한 나의 바램
기도가 되어
온 몸으로 꽃을 피운다

단풍이라는 낙엽이라는
슬프고도 아름다운 꽃
내 몸 스러져 너의 기도가 된다

02

배달 청년

요란한 굉음소리를 하고
날리는 뿌연 먼지
내 청춘 내 삶
철가방에 함께 얹고
바람을 가른다

아직은 청춘이기에
희망은 가슴에
보람은 머리에

무엇인들 못 해낼까 두려움 없이
오늘도 달린다
내일을 향하여-

03

생명

조그만 화분 하나
실낱같은 줄기 몇 개
잎 틔울까 마음 조린다
생명의 끈질김은
하늘이 주신 선물
산뜻한 초록으로
앙증맞은 작은 잎으로
싹을 틔운다
희망이 솟듯이

04

일상

오늘도 운동화를 신는다
어둠이 내리면

동네길을 휘돌아
오르내리며
팔을 흔들며 주먹도 쥔다

가끔은 낯익은 얼굴도 보이고
부지런히 걸으시는 할머니도 만난다

밤하늘의 반짝이는 별도 만나고
붉은빛 머금은 달도 만난다

오래 살기 위함보다 아픔이 싫어서
혼자라는 허망의 자각이 느껴지기 싫어서
열심히 열심히 인내하며
오늘도 운동화를 신는다

05

어머니

어머니
가만히 불러봅니다
그렇게 살며시 불러만 봐도
가슴은 먹먹하게 아려옵니다

점점 보이지 않는 사물들
음성, 감각으로 분별 하시며
어두움과 동무하시는 당신
갖은 근심 걱정 안아 주시고
불평불만 보듬어 주시며
인생의 굴곡이 행복이며 보람이라며
살아 보면 알게 된다고
토닥여 주시던 당신

지난 긴 세월의 이야기들
조용히 가슴에 삭이며
담담히 손 모으고 미소 짓는 어머니
그래서 더욱 아려옵니다

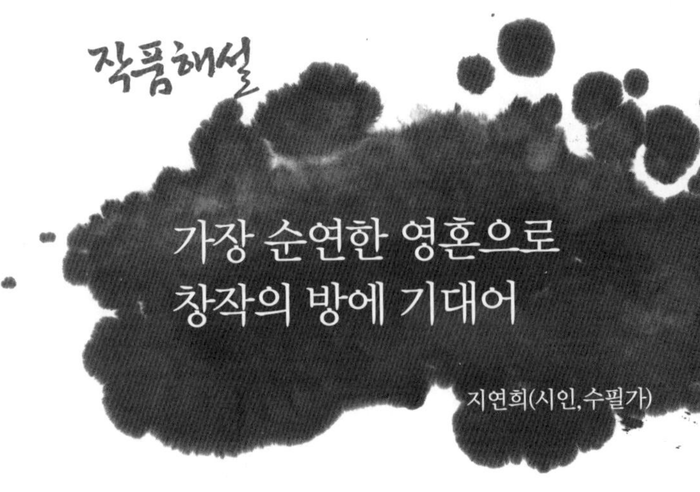

작품해설

가장 순연한 영혼으로 창작의 방에 기대어

지연희(시인, 수필가)

시계문학회 동인지 4집 「그랬으면 좋겠다」가 세상에 가장 아름다운 모습으로 출간되었다. 가장 순연한 영혼으로 창작의 방에 기대어 생명 탄생의 산고를 감내하고 난 흔적이기 때문이다. 어제만 같던 시간들이 어느 결에 4권의 동인지를 엮어 낼 수 있었는지 머지않은 날이 지나면 햇수로 5년이 된다. 그동안 한결같은 마음으로 시계문학회를 지켜준 회원 여러분의 문학 사랑이 이룩한 결실이다. 글을 쓰면서도 '왜 쓰지 않을 수 없는 것일까' 라는 스스로에 던지는 물음 같은 것이 있었으리라 생각된다. 어떤 사람은 젊은 날의 꿈이었다는, 어느 날부턴가 운명의 늪처럼 빠져들고 말았다는, 분분한 대답이지만 무엇보다 글을 쓰는 사람은 신이 내리신 특별한 사명이 아닐까 하는 생각을 하기도 한다. 그만큼 그 사명에 답해야 한다는 책무를 느끼지 않을 수 없다는 것이다. 문인이라는 이름을 지닌 사람들은 최고의 작품을 생산하기 위해 최선의 노력을 다하는 사람들이다.

막무가내 펄떡대던 고통이 조용하다
아가미를 들었다 살짝 놓았다 죽은 척하는 동안
날 몸뚱아리 구석구석
적나라하게 헤집는 빛 사이로 바알갛게 떨어지는 꽃무리
멍한 시선
가느다란 기억의 실선 향해 꿈틀거려 보지만
꺼지지 않는 불빛 하나
무섭게 지키고 있는 곳

– 김인나의 시 「수술 중」 중에서

잠상으로 존재해야 하는 암실 고독한 현상액에 담겨
부활의 영상을 꿈꾸던 에티튀드 사랑의 피사체 한 톨의 씨앗이었지

네 뜻과는 다른 네거티브
하얀 날개바람에 헹구어 관객의 눈부신 시선에 말리어
사랑 아로새긴 포지티브 색깔을 현상해야 했던 한 장의 꽃잎이었어

– 원인숙의 시 「꽃 양귀비 1」 중에서

내가 울고 있다
사람들도 울고 있다

사체가 담기지 않은 빈 관을 가운데 두고
탑돌이 하듯 빙빙 돈다
누군가를 기다리는지
가슴에 무거운 짐을 안은
하회탈 가면을 쓴 얼굴들
힐끗 힐끗 돌아보며 흐느낀다

– 탁현미의 시 「끝나지 않는 꿈」 중에서

빵 냄새처럼 정겨운
말이 없어도 좋은
마주 보는 눈빛만으로도 좋은
충만함
아직도 난
그를 보면 아득한 설레임
일고 있다

– 전민숙의 시 「지금도 난」 중에서

김안나의 시 「수술 중」은 도입부에 '광어 한 마리/차디 찬 바닥에 벌렁 누웠다' 로부터 시작된다. 수술대에 오른 내 몸뚱이는 요리사의 능숙한 칼날 앞에 누운 광어 한 마리와 다름없다는 전제를 암시하는 부분이다. 또한 나는 '금방 지운 피 냄새 가시기도 전/강렬한 불빛보다 먼저/남자의 눈이 예리하다' 는 요리사의 예리한 눈빛을 관찰하고 있다. 분명한 것은 '나' 라고 하는 수술대 위에 놓인 인물은 집도의 손끝을 주시할 만큼 의식을 열어놓고 있다. 몸으로부터 가느다란 실선의 움직임을 느낄 수 있는 분명한 의식 속에서 수술실의 풍경을 담아내고 있다. '꺼지지 않는 불빛 하나/무섭게 지키고 있는 곳' 의 불안한 심리묘사 시다.

원인숙의 시 「꽃 양귀비 1」는 '잠상으로 존재해야 하는 암실 고독한 현상액에 담겨/부활의 영상을 꿈꾸던 에티튀드 사랑의 피사체 한 톨의 씨앗이었지' 의 언어가 제시한 발레리나의 피사체가 지닌 아름다움을 양귀비꽃으로 발화시킨 깊은 의도의 시다. 한 장의 필름 속에 네거티브(어둠-절망)에서 포지티브(밝음-희망)로 재생된 존재의 부활을 그리고 있다. '네 사랑의 필름은/돌 틈을 지나 흙살을 지나 바람을 지나 햇살을 지나/그 무엇에도 끔쩍 않는 빛깔로 네 전 생애가 인화되었지/한 송이 꽃 부활하게 되었지' 라 하며 에티튀브의 형상은 아름다움의 극치로 비유되는 양귀비꽃으로 생명력을 지니게 한다.

탁현미의 시 「끝나지 않는 꿈」이다. 내가 울고 사람들도 울고 있는 이 시는 사체가 담기지 않은 빈 관을 가운데 두고 빙빙 돌고 있다. 또한 누군가를 기다리는지 모른다는 이들은 하회탈을 쓰고 가슴에 무거운 짐을 안고 힐끗 힐끗 돌아보며 흐느끼고 있다. 빈 관 하나를 놓고 탑돌이를 하듯 돌고 있는 이들의 끝나지 않는 꿈은 무엇이기에 울고 있을까라는 생각을 하게 하는 이 시는 독자들의 상상력을 강하게 유발시킨다. 사체가 들어 있지 않은 빈 관을 가운데 두고 탑돌이 하듯 돌고 있다면 빈 관 속엔 누군가 들어가야 한다는 의미를 제시한다. 때문에 모두는 울고 있는지 모른다. 반면 나는 관 속의 주인이 되지 않기를 바라는 꿈을 꾸고 있을 법하다.

전민숙의 시 「지금도 난」이다. 이 시 속에는 그가 있다. 그를 보면 아득한 설레임이 일고 그의 음성만 들어도 눈빛에 자욱한 안개가 서리곤 한다. 가슴속 상처 촉촉이 젖은 추억도 세월 비겨댄 숨결 품어 안고 목젖이 아플 때도 있었다고 하는 그가 존재한다. 그러나 무엇보다 마주보는 눈빛만으로도 좋은 그는 빵 냄새처럼 정겹고 말이 없어도 좋다고 한다. 시의 언어를 여기까지 훑어보아도 아직 그의 존재가 확연하지 않다. 다만 알 수 있는 것은 현존하고 있는 인물임을 밝히고 있다. 눈빛만으로도 좋고 빵 냄새처럼 정겨운 '아직도 난/그를 보면 아득한 설레임/일고 있다'는 것이다. 그는 누구여도 좋겠다. 화자의 딸이어도, 손자이어도, 그 누구이어도 독자에게 그는 자유로울 수 있기 때문이다.

적막 속 붕붕거리는
차 소리에
그리움 깰까 두렵다
옛 그림자 찾아
긴세월구름
흘러가고 흘러오고

모든 것 속절없고
달빛 같은 그리움
쉰 목청으로 불러 본다

— 임정남 시 「그리움」 중에서

비운다는 말 자주 듣지만
아무것도 들어 있지 않은
텅 빈 것 아무것도 없고
아무 데도 없다

살아간다는 것
무엇이든 채우는 일
허기진 뱃속을 채우고
혈관 속에 산소를 채운다

— 김애희 시 「때때로 바람이 되어」 중에서

여객선 물길 따라 창공 나르던
옛 뱃길 그리워 날개 퍼덕인다
선회하던 교각아치 저버리고
어둠이 내려앉은 수평선 따라
어디론가 울먹이며 날아간다

갈매기 한 마리
불연 듯 가고 싶은 고향 들녘
작은 강다리

– 김좌영의 시 「갈매기」 중에서

임정남의 시 「그리움」은 밤의 시간 속에서 짚어내는 그리움이다. 깊어가는 밤 눈이 내리다 그치고 바람은 창문사이로 스며들고 있다. 그와 같은 적막한 배경은 그리움을 부르는 설득력을 지닌 장치이다. 커텐 밖으로, 관음죽 사이로 그의 모습처럼 달이 밤거리에 나와 있게 한다. 그리움인 '그' 의 구체적 모습까지 달의 크기로 제시하는 이 시는 그와 오래도록 함께 있기를 기대하고 있다. '적막 속 붕붕거리는/차 소리에/그리움 깰까 두렵다' 는 화자의 낮은 발걸음소리가 손끝에 묻어나는 듯한 감성의 울림이 보인다. '긴 세월 구름처럼/속절없이 흘러가고 흘러오고/달빛 같은 그리움/쉰 목청으로 불러 본다' 는 것이다.

김애희 시 「때때로 바람이 되어」는 우리의 삶은 비워내지 못하는 본능 속에서 늘 채우려는 끝없는 욕심으로 산다는 질책이다. 하여 때때로 바람이 되어 바람처럼 가벼이 날고 싶어 한다. '비운다는 말 자주 듣지만/아무것도 들어 있지 않은/텅 빈 것 아무것도 없고/아무 데도 없다//살아간다는 것/무엇이든 채우는 일/허기진 뱃속을 채우고/혈관 속에 산소를 채운다' 는 것이다. 어쩌면 사람들의 삶은 채우지 않고는 살 수 없는 속성을 지니고 있어 늘 허기에 차 있다는 생각을 이 시는 하게 한다. '허상이 안개처럼 가득할 때' 가벼워지고 의지가 때때로 바람이 되고 싶게 한다는 것이다.

김좌영의 시 「갈매기」는 인천 송도 앞바다 여객선 따라 먹이 사냥하는 갈매기 한 마리를 주목하게 한다. '풍연風鳶처럼 하늘 높이 매달려/저녁 노을빛 부채질하는 갈매기/급강하로 무언가 낚아챌 기세다' 저 멀리 인천대교 아치형 풍광이 갈매기의 비상과 어우러져 한 폭의 예술 작품을 만들고 있다. 결국 이 시의 존재여부는 옛 뱃길 그리워 여객선을 맴돌며 날개를 퍼덕이고 있는 부분이다. 화자의 상상력이 구조해 놓은 갈매기의 날갯짓은 화자의 순명하는 정신이며 현재이다. '어둠이 내려앉은 수평선 따라/어디론가 울먹이며 날아간다//갈매기 한 마리/불현듯 가고 싶은 고향 들녘/작은 강다리' 의 고향 그리움과 연결된다.

요즘은 꿰매어 가며 신지도 않고 구멍난 양말은 보기도 드물다. 예쁘게 기워주신 내 양말을 친구들에게 자랑하고 싶어 발을 죽 내밀어 보이기도 했다. 어머니의 손길과 정이 깃든 기운양말은 따뜻했다. 오늘처럼 영하의 추운 겨울밤 잠 못 이루어 긴 소파에 의지하고 전구를 바라보니 떨어진 양말을 꿰매던 일, 양말 기우면서 들려주시던 어머님의 옛날이야기들이 가슴이 저리도록 그리워진다. 천정에서 매달려 내린 따스한 불빛 전구, 따끈한 온돌, 따뜻했던 어머님 손길, 이 모두가 나를 그리움에 사무치게 한다. 많이 보고 싶다. 어머니!

– 제옥의 수필 「전구」 중에서

새가 소리를 낼 때에는 그들 나름의 이유와 목적이 있다. 먹이를 앞에 두고 경쟁하는 행위는 힘이 있고 열정이 있다. 눈빛은 광채가 나고 경계심을 가진 날개의 움직임은 민첩하고 절도감이 있다. 그들에게는 일상인데 나에겐 때에 따라 기분에따라 다르게 들린다. 숲에는 갖가지 식물과 동물이 공존하면서 더불어 숲을 이루듯이, 내 삶 속에서 새소리는 추억 속에서 귀에 익은 동요가 되었다가 후덥지근한 여름날 시원한 청량제가 되기도 한다. 고향에서 자주 듣던 새소리들은 오래된 친구의 목소리처럼 정겹다. 이른 봄 제비소리, 뻐꾸기소리, 참새소리, 밤에 우는 소쩍새 부엉이소리, 이름 모를 고향마을의 새소리들은 아련한 그리움으로 나를 행복하게 한다.

– 엄영란의 수필 「새소리」 중에서

제옥의 수필 「전구」는 가난한 시절 구멍 난 양말을 꿰매기 위해 전구를 양말 안에 넣고 바느질하던 추억을 떠올린다. 영하의 추운 겨울밤이면 어머니는 전구를 양말 속에 넣고 떨어진 양말을 꿰매시며 옛날 이야기를 들려주시곤 했다. 하여 전구는 어머니를 잇는 가교이다. 금방 어머니가 그리워진다는 것이다. '따끈한 온돌, 따뜻했던 어머님 손길, 이 모두가 나를 그리움에 사무치게 한다. 많이 보고 싶다. 어머니!' 이 수필에서 전구는 떨어진 양말을 깁던 추억과, 그 추억 속의 어머니 모습을 그리워하는 도구이다. 그리움을 여는 문이다.

엄영란의 수필「새소리」는 어린 날로 연결하는 그리움이다. '제비소리, 뻐꾸기소리, 참새소리, 밤에 우는 소쩍새 부엉이소리, 이름 모를 고향마을의 새소리들은 아련한 그리움으로 나를 행복하게 한다.' 는 것이다. 그만큼 화자의 삶 속에서 새소리는 추억 속에서 귀에 익은 동요가 되었다가 여름 날 시원한 청량제가 된다는 것이다. 숲은 오랜 친구의 목소리처럼 친숙한 대상이다. 새의 우는 소리만 들어도 그들 나름의 이유와 목적을 알 수 있다는 이 수필은 화자와 새들 간의 소통의 깊이를 잴 수 있게 한다.

장마 끝
안방구석
눅눅한 공기속
방 한가운데로 기어나온
벌레 한 마리

날벌레려니 하고
손바닥으로 내려치려는
순간,
손바닥이 공중에 멈춘다

– 이규선의 시 「귀뚜라미」 중에서

늦더위가 기승을 부리던 날
모시적삼 모시치마
곱게 차려입으신 할머니
나설 채비를 하신다

뚝방길을 지나 신작로가 시작되는
그곳, 오일장이 서는 장터
사방팔방에서 모여든 사람들
환한 웃음으로 안부인사 건넨다
울타리 없는 커다란 사랑방이다

– 김옥남의 시 「할머니와 오일장」 중에서

욕조에 몸을 담그고 지난 삶 떠올리면
가위에 눌려 허덕여 온 그늘이 많았다
수영장에 가면 왜 그리 뜨기 어려운 지
물 먹지 않으려 허덕이던 시간들
삶이 어려울수록 혼자가 아니라는 사실들
혼자 고립 될수록 찾아오는 영적 존재
버지니아 울프의 유령의 문제
간절할수록 찾게 되는 신과의 만남

– 박진호의 시 「관상」 중에서

이규선의 시 「귀뚜라미」는 방안 구석 눅눅한 장마 끝에서 귀뚜라미 한 마리를 발견하고 손바닥으로 내려치려다가 화자의 운명선이 귀뚜라미의 몸체 위에 놓여져 있다는 발견이다. 손바닥 아래 놓여질 귀뚜라미의 운명선이 내 것이라는 생각에 내려치려던 손길을 멈추게 되는 이 시는 운명선에 깃든 생명의 가치를 짚게 한다. '방 한가운데로 기어나온/벌레 한 마리//날벌레려니 하고/손바닥으로 내려치려는/순간,/손바닥이 공중에 멈춘다/손바닥 아래 움직이는/엉덩이 통통한/귀뚜라미의 촉수 위로/나의 생명선이 그려져 있다/운명선 아래로 천천히 기어가는/작은 발가락'

김옥남의 시 「할머니와 오일장」은 화자의 기억 속에서 숨쉬는 할머니와 함께한 뚝방 지나 신장로 길에 세워진 오일장에서의 추억이다. 마치 울타리 없는 사랑방 같은 장터에는 오랜만에 만나는 사람과 사람의 환한 웃음으로 인사를 건네는 소통의 장소이며 온갖 채소며 과일들이 즐비하게 놓여진 난장이다. 모시적삼 모시치마 입고 집 나설 차비를 하시는 할머니를 따라 장터에 간 어린 날의 화자가 복숭아 바구니 앞에 앉아있다. 목울대를 오르락 내리락하는 손녀를 위해 할머니는 삼베지갑에서 지폐 한 장을 토해내는 사랑과 인정이 넘치는 장터의 풍경이 정스럽게 담겨있다.

박진호의 시 「관상」에는 제 모습으로 당당히 서있지 못하는 나를 들여다보는 측은지심이 있다. '욕조에 몸을 담그고 지난 삶 떠올리면/가위에 눌려 허덕여 온 그늘이 많았다/수영장에 가면 왜 그리 뜨기 어려운 지/물 먹지 않으려 허덕이던 시간들' 여기 4행의 의미만 보아도 이 시 한 편이 담아내려는 시인의 의도가 무엇인지 가늠할 수 있다. 욕조에 몸을 담근다는 의미는 알몸의 나, 맨몸의 나를, 진실한 나를 들여다본다는 의도이다. 그리고 그 시선은 가위에 눌려 허덕이거나 수영장에 가서도 뜨지 않아 물먹지 않으려고 허덕이는 나를 발견하는 일이다. 허술한 나 들여다보기, 그리고 홀로서기라는 해답이다.

아버지 방 앞에 곱게 엮어 매달려 있던 엽연초 줄이 한창 물들어가는 요즈음의 단풍을 보면서 더욱 아버지가 새롭게 그리워진다. 금연 운동이 한창인 요즈음 아버지가 즐기시던 담배와 누런 때로 찔은 담배쌈지가 생각난다. 라이타의 신기한 불꽃에 감탄하던 때, 그리고 마흔 생신날 장죽을 물고 나타나 한껏 권위를 자랑하시던 아버지의 소박한 욕심, 곰방대에서 장죽으로 엽연초로 또 권련으로 바뀌어 온 세월, 아버지는 엽연초를 즐기셨지만, 권련 시대는 맛보지 못하신 채 먼 길 가셨다. 요즈음 금연 운동이 한창이다. 아버지도 계셨으면 금연하셨을까? 아닌 것 같다. 나는 지금 아버지가 계시다면 좋은 담배 사다드리고 싶다. 담배는 아버지의 가장 친한 친구였으니까. 아버지는 그 장죽을 오래 즐기시지 못하고 먼 길 가시고 말았다. 아버지는 가셨지만 몇 년 동안 주인 잃은 장죽 홀로 아버지 빈소를 지켰다

– 손거울의 수필 「아버지 담뱃대」 중에서

누구나 짜장면에 얽힌 추억 하나쯤은 간직하고 있을 것이다. 초등학교 6학년 때 어머니를 따라 시장에 가서 처음으로 짜장면을 먹었다. 피난지에서 돌아와 꽁보리밥만 먹고 살던 가난했던 시절, 밖에서 색다른 음식을 먹는 것은 호사스러운 일이었다. 졸업식 때나 생일 때 부모님이 데리고 가서 탕수육과 짜장면을 사 주시면 선물이 따로 없어도 행복했었다. 그것이 바로 큰 선물이었다. 아이들을 키울 때 주말에 가끔 외식을 하러 중국 음식점으로

> 갔었다. 요즘처럼 외식산업이 발달하지 않았던 70년대에는 "밥 먹으러 가자"하면 세 녀석들이 짜장면을 먹겠다고 이구동성으로 한 의사를 나타냈다. 입 가장자리에, 턱에 짜장소스를 묻혀가며 즐겁게 먹던 모습이 아련한 기억으로 떠오른다.
>
> – 신화식의 수필 「짜장면」 중에서

시계문학회 회원 중에서 수필가로 등단한 사람은 부산에서 남편의 병 수반을 들고 있는 제옥님과 손거울님, 신화식님 그리고 그 뒤를 잇는 최완순님이다. 이들 네 분의 활동이 시계문학 수필을 든든하게 짊어지고 있다 해도 과언이 아니다. 손거울님은 근 두 해 동안 집필한 작품 모두가 지난 1950년~1960년대의 농촌풍경을 그려내는 '희미한 기억의 끈 재생하기'와 같은 집념의 의지를 보여 가난한 고향의 역사를 짚는 가치있는 작업을 해 주셨다. 위의 수필「아버지 담뱃대」역시 그 정서를 담아내는 작품인데 유난히 담배를 좋아하신 아버지의 담뱃대를 통하여 돌아가신 아버지를 그리움으로 회억하는 가슴 훈훈한 수필이다.

신화식의 수필 「짜장면」은 가족들과 짜장면을 먹던 날을 행복하게 추억하고 있다. 중국요리 중에서 평생을 먹어도 질리지 않는 메뉴가 짜장면이라고 한다. 언제 먹어도 독특한 짜장면의 추억은 누구에게나 있을 것이라는 전제하에 초등학교 6학년 때 처음 짜장면을 먹던 날의 추억을 떠올린다. '어머니를 따라 시장에 가서 처음으로 짜장면을 먹었다. 피난지에서 돌아와 꽁보리밥만 먹고 살던 가난했던 시절, 밖에서 색다른 음식을 먹는 것은 호사스러운 일이었다' 한다. 아이들을 키울 때도 주말에 가끔 외식을 하면 짜장면을 먹겠다는 세 아이들이 짜장소스를 묻혀가며 즐겁게 먹던 모습을 떠올리는 수필이다.

벌거숭이산과
메마른 땅에
단비가 촉촉이 내리네
흙을 이불 삼아
베개 삼아
잠자던 생물들이 기지개 펴고
나올 날도 멀잖네

– 김복순의 시 「단비」 중에서

떠나기만 했지 돌아올 줄 몰랐던
나, 덜컥 서버린 간이역에 내렸다.
얼룩만 남아 있는 한때 난장이었을
세월을 기억하고 있는 역
침목 따라 달려가 버린 착란의 시간
돌아본다

그림자 화석으로 남은
애쓰고 살았던 세월의 빛

– 이광순의 시 「간이역」 중에서

섬은 미로였다
기암절벽 가는 길에
얼기설기 엮이어 한 덩어리 동백꽃 숲
거대한 나무들이 즐비하다

요염하게 물든 꽃들이 또렷하게 피어 있어
취하여 걷다 보면
아차 하는 순간
낭떠러지로 향하게 된다

– 조형자의 시 「동백섬」 중에서

김복순의 시 「단비」는 때묻지 않은 순수의 마음 밭에서 끌어올린 영혼의 울림을 읽게 된다. 아무도 밟지 않은 눈밭의 발자국 같은 언어의 흐름을 읽게 되는 김복순의 시는 그러나 어떤 성급한 변화를 요구하지는 않는다. 그리고 시간이 흘러 근 2년이 지나 햇수로 3년에 이르고 있는 지금, 조금씩 성장의 순을 보여주어 여간 감사한 일이 아니다. 비오는 날의 봄 산을 바라보며 그 심안을 보여주고 있는데

'흙을 이불 삼아/베개 삼아/잠자던 생물들이 기지개 펴고/나올 날도 멀잖네' 라는 마음밭이 곱고 아름답다.

이광순의 시 「간이역」은 '떠나기만 했지 돌아올 줄 몰랐던' 으로 시작된다. 앞만 보고 달리기만 했을 뿐 지난 삶을 돌아보지 못했다는 관조 이후 나는 덜컥 서버린 간이역에서 내리게 된다. 아마도 어떤 이유가 있을 법하다. 다만 정신이 들만큼 충격적인 일에 당도하여 '얼룩만 남아 있는 한때 난장이었을/세월을 기억하고 있는 역' 에서 돌아보지 못했던 시간들을 짚고 있다. 하여 '가을이 내려앉은 담장 틈에/빨간 장미 한 송이/뜨거운 북새통에 밀려났지만/이제라도 때늦은 기다림 만끽하리라' 는 가을이라는 시간 속에 깃든 나의 세월을 바라본다. 빨간 장미 한 송이로 사물화된 욕망의 깃을 내려놓는 시점, 즉 현재에 서서 역수의 깃발이 흔들리기를 기다리고 있다. 어디든 달려 나갈 것 같은 힘이다.

조형자의 시 「동백섬」은 아름다운 이상향의 공간으로 동백섬을 제시한다. 하여 섬은 '미로' 가 된다. 쉽게 다가설 수 없는 무아경이다. 요염하게 물든 동백꽃들이 피어 있어 취하여 걷다 보면 낭떠러지로 떨어지고 마는 유혹이 있다. 아름다움이란 이상향의 지향점엔 늘 수많은 낭떠러지와 장벽이 도사리고 있게 된다. 이 시의 동백섬도 다르지 않다. 동백섬의 '기암절벽 가는 길에/얼기설기 엮이어 한 덩어리 동백꽃 숲' 으로 존재한다. '절벽 밑 하얀 파도/비누 거품을 물고/철썩철썩 올라온다/기암절벽을 만드는 파도의 손놀림이다'

감정이 어느 한 곳에 머물고 있는 것이 아니다. 눈 속에 보여지는 상대의 모습에 따라 감정은 흐른다. 작은 곳에서 꽃처럼 아름답게 일상을 살아가는 사람들 속에서 존경심을 찾는 눈을 가지고 있어야 한다. 몰랐던 새로운 존경심에 대한 인식의 가치관이 지고지순한 여인을 보며 닮고 싶다는 간절한 소망이 생겨난다. 내가 지금까지 살면서 한 번도 느끼지 못한 아름다운 사람의 향기와 이런 것이 존경심이라는 의식을 갖게 만드는 여인을 만난 것이다. 늙어 가는 뒤안길에서 좋은 분을 만나게 된 것을 신께 감사드린다.

– 최완순의 수필 「닮아가고 싶은 사람의 향기」 중에서

어느 때는 안개가 끼는 날씨가 있다. 구름도 아니고 연기도 아니면서 온 세상을 잿빛으로 물들인다. 그런 날은 앞도 보이지 않고 모두 장님이 되어버린다. 아무 것도 구별할 수가 없다. 태양이 떠오를 때까지는 갇혀있어야 한다. 햇볕이 비치고, 안개가 걷히면 길가에 풀도 보이고 나무도 보인다. 집이랑 아이들이랑 강아지 나비 등 세상

에는 참 많은 것들이 있는 것을 알 수 있다. 작은 것도 있고, 큰 것도 있고 여린 것, 강한 것 모두 다 함께 있다. 안개처럼 하나의 색깔로 세상을 덮어씌우는 일은 위험한 일이다. 내 생각이나 판단으로 다른 사람까지 덮어씌우는 일도 위험한 일이다. 그렇지만 컴퓨터 글쓰기의 덮어쓰기는 참 편리하다.

– 김인수의 수필 「덮어쓰기」 중에서

최완순의 수필 「닮아가고 싶은 사람의 향기」는 삶의 길에서 만난 코스모스 꽃이거나 들국화를 바라보며 가슴에 담는 어여쁨이다. 무엇보다 화자는 '닮아가고 싶은 사람의 향기'라 글의 주제를 설정하고 대상과 같은 향기를 피우고 싶다는 의지를 표명하고 있다. '지금까지 살면서 한 번도 느끼지 못한 아름다운 사람의 향기와 이런 것이 존경심이라는 의식을 갖게 만드는 여인을 만난 것이다.' 어쩌면 그 여인이 이 사실을 안다면 매우 민망해 할지도 모른다. 까닭은 이보다 더 큰 찬사가 있을까 싶을 만큼 그 여인은 향기로운 꽃이 되었기 때문이다. 아름다운 것을 보면 닮고 싶은 부러움이 인다. 만약에 그 여인의 인격적인 아름다움이 세상 아름다움을 키우는 소중한 역할을 할 수 있다면 더 이상의 바람직한 일은 없을 것이다. 화자의 시선이 머문 그녀의 향기가 진정한 아름다움으로 누군가의 가슴에 꽃이 될 수 있기를 기도하지 않을까 싶다.

김인수의 수필 「덮어쓰기」는 기존의 형상 위에 무엇 하나를 덧씌워서 기존의 의미를 감추는 것이다. 보편적으로 자신의 잘못을 남에게 덮어씌우는 일과 같은 컴퓨터상의 덮어쓰기는 다행스럽게 잘못된 글을 수정하는 과정을 용이하게 한다. 하여 간편하게 의도한 내용의 글을 손쉽게 바꿔 놓을 수가 있다. 김인수의 수필은 삶의 과정 속에서 일어나는 제 잘못을 남에게 덮 씌우는 몰지각한 사람이 사회에 미치는 공해를 인식하게 하고, 컴퓨터의 사용기준에서 '덮어쓰기'의 기능이 갖는 편의를 체험 속의 삶으로 짚어주고 있다. '안개처럼 하나의 색깔로 세상을 덮어씌우는 일은 위험한 일이다. 내 생각이나 판단으로 다른 사람까지 덮어씌우는 일도 위험한 일이다. 그렇지만 컴퓨터 글쓰기의 덮어쓰기는 참 편리하다.'

둥지 떠나 맨손으로
동토 서울에 발 딛고
허리 휘도록
저마다 살아가고 있다지만

산다는 것
사람으로 산다는 것
제대로 산다는 것
그리도
어려운 일일까

– 박명규의 시 「산다는 것」 중에서

오직
이 순간을 위하여
거무스레 멍들었던 날들

비록
가시는 숨어 있지만
영혼이 담긴듯한 정열의 그 빛
쿵쾅 쿵쾅
나의 가슴을 두드린다

– 허홍근의 시 「붉은 장미」 중에서

바람이 분다
목청껏 뽑아내던 매미들의 합창
어느 사이 슬그머니 잦아 들고

하늘 향해 뿜어 올리던
너의 열정이 내 안으로 내 안으로 스며든다

내일을 위한 나의 바람
기도가 되어
온 몸으로 꽃을 피운다

– 박옥임의 시 「기도」 중에서

박명규의 시 「산다는 것」은 녹록하지 않은 삶의 세상에서 최선을 다해 살아가지만 여전한 복병들이 사람들을 고뇌의 늪에 빠져들게 하는 아픔을 말한다. '흐린 눈동자/빛바랜 창호지처럼 핏기 없는 친구 모습/뼛속까지 파고들어/수술조차 할 수 없는/말기암' 손 쓸 수 없는 아픔을 친구의 얼굴로 투영시켜내는 이 시는 세상 모든 사람들이 공통적으로 느끼는 삶의 고통일 수 있다. '둥지 떠나 맨손으로/동토 서울에 발 딛고/허리 휘도록/저마다 살아가고 있다지만//산다는 것/사람으로 산다는 것/제대로 산다는 것/그리도/어려운 일일까' 라고 해답 없는 질문을 던져내고 시의 대미를 접는 시인의 참담한 심경이 겹겹이 반영되고 있다.

허홍근의 시 「붉은 장미」는 장미꽃의 아름다움에 매료된 화자의 심경이 여과 없이 묘사되어 있다. '터질 듯 터질 듯/붉어오는 그 모습/열정으로 희망으로/사랑으로 다가온다/긴-암흑의 터널을/침묵으로 잠재우며/오직/이 순간을 위하여/거무스레 멍들었던 날들//비록/가시는 숨어 있지만/영혼이 담긴 듯 한 정열의 그 빛' 으로 피어나고 있는 것이다. 보편적으로 시 속의 사물은 인물의 대리자가 되어 그 존재의 옷을 입게 되는데 이 시의 '쿵쾅 쿵쾅/나의 가슴을 두드린다' 는 감각적 이미지의 흐름은 붉은 장미로 사물화된 인물이거나, 붉은 장미가 의인화된 사물이거나 정열의 눈빛을 지닌 대상과 마주 서 있다.

박옥임의 시 「기도」는 매미들의 합창이 잦아든 시간 속에서 매미의 울음이 남긴 열정이 내일을 향한 바램이 되고 있다. 온 몸으로 꽃을 피우던 매미의 울음은 '단풍' 혹은 '낙엽' 이 되어(시간의 흐름 속에 묻어) 내일(봄)을 위한 기도처럼 온몸으로 꽃을 피우고 있다. 매미가 그토록 목청껏 뿜어내던 합창이 내일을 위한 기도가 되어 저 흙 속 생명의 뿌리를 키우는 단풍, 혹은 낙엽으로 존재한다. '내일을 위한 나의 바램/기도가 되어/온 몸으로 꽃을 피운다/단풍이라는 낙엽이라는/슬프고도 아름다운 꽃/내 몸 스러져 너의 기도가 된다'

시계문학동인지 4집 「그랬으면 좋겠다」의 작품해설을 접는다. 조금씩 성장의 면모를 보여주는 회원들의 창작열에 감사하다는 말을 드려야겠다. 문학은 그 어느 때도 완성은 아니다. 끝없는 문학수업일 뿐이다. 다만 현재보다 나은 내일에 거는 희망이며 삶의 지양점이 아닌가 싶다. 보다 성숙한 인간으로의 '나' 보다 아름다운 문학인으로의 '나' 를 세우기 위한 노력이 우리 앞에 놓여 있어야 한다. 조금씩 조금씩 커가는 아이처럼 시계문학의 뚜렷한 성장을 본다. 끊임없이 자신을 읽는 안목과 자신을 가꾸는 노력이 우리에게 남은 과제이다. 더 높은 발전으로 지역문단과 나아가 한국문단, 세계문단을 이끄는 동력이 되었으면 한다.

시 계 문 학 네 번 째 이 야 기

시계문학

그랬으면 좋겠다